读书架【双色版】

华上下五千年·明清

冯慧娟◎主编

辽宁美术出版社

图书在版编目（CIP）数据

中华上下五千年.明清/冯慧娟主编.—沈阳：
辽宁美术出版社，2017.12（2019.6重印）

（全民阅读书架）

ISBN 978-7-5314-7859-1

Ⅰ.①中… Ⅱ.①冯… Ⅲ.①中国历史—明清时代—
通俗读物 Ⅳ.① K209

中国版本图书馆 CIP 数据核字 (2017) 第 310827 号

出　版　社：辽宁美术出版社
地　　　址：沈阳市和平区民族北街 29 号　邮编：110001
发　行　者：辽宁美术出版社
印　刷　者：北京一鑫印务有限责任公司
开　　　本：787mm×1092mm　1/32
印　　　张：5
字　　　数：100 千字
出版时间：2017 年 12 月第 1 版
印刷时间：2019 年 6 月第 5 次印刷
责任编辑：孙郡阳
装帧设计：新华智品
责任校对：郝　刚
ISBN 978-7-5314-7859-1

定　　价：29.80 元

邮购部电话：024-83833008
E-mail：lnmscbs@163.com
http://www.lnmscbs.cn
图书如有印装质量问题请与出版部联系调换
出版部电话：024-23835227

前言|FOREWORD

古罗马著名历史学家李维曾说过:"研究研究过去的事,可以得到非常有用的教育。在历史真相的光芒下,你可以清清楚楚地看到各种各样的事例。你应当把这些作为借鉴。"我国古代著名帝王唐太宗也曾经说:"以史为鉴,可以知兴替。"的确,如果能够通过阅读了解一些历史知识,总结一些兴亡成败的教训,无疑将有助于我们在面对人生时作出明智的选择和判断。可以说,读史是我们积累经验、增长见识、汲取智慧的重要途径之一。

然而,当我们回首过去,试图了解那段跌宕起伏的岁月,探访先人的事迹和心声时,却常常因为它过于广袤浩瀚而感到茫然。面对长达五千年的中国历史,我们该以怎样的方式去解读呢?其实,历史的一切起承转合,大都源于一系列的

前言|FOREWORD

人物和事件。这些人物和事件或是开启了一个新的时代，或是扭转了历史前进的方向，或是为历史的发展埋下了千里伏笔……它们点点相连，构成了整个历史的庞大体系。因此，了解了这些人物和事件，也就能够窥斑知豹，找到开启历史大门的钥匙。

为此，我们特地为热爱中国历史的读者量身订做了"中华上下五千年"系列的七本书，从夏商至明清，选取中国各个历史时期的重要人物和重要事件，以简洁明快的语言，精美鲜明的图片来讲述历史故事，力图帮助读者系统了解中国历史的整体架构，探寻那些荣辱沉浮的深层原因。

我们相信，这些书一定能够为广大读者带来一些有益的启迪。

明朝

集权与裂变中的王朝（1368年—1644年）

明朝的雅俗文学与科技文化

清朝

末世封建王朝的兴衰史（1616年—1911年）

在闭塞、压抑中发展的清朝文化

集权与裂变中的王朝（1368年—1644年）

明朝

和尚皇帝朱元璋

元朝末期，皇家内部纷争异常激烈，政治环境日益恶劣，朝廷统治愈加腐朽，人民生活在水深火热之中。在元末农民战争中脱颖而出的朱元璋，在历经16年的征战后，最终实现了"驱逐胡虏，恢复中华"的理想，由小牧童、小和尚，一跃成为万乘之尊的开国大帝，成立了中国历史上最后一个由汉族统治的封建王朝——明朝。

布衣出身，将帅之才

朱元璋的籍贯为濠州钟离（今安徽凤阳县东），家中世世代代皆是农民。朱元璋小名"重八"，在家中排行最小，自幼机智聪慧，有主意、有头脑，又勇于承担责任，因此很受小伙伴们的喜欢。朱元璋还念过私塾，后来因家庭贫困而无奈终止了学业，到地主家放牛去了。在放牛期间，他认识了徐达、汤和、周德兴等人，彼此成了好朋友。后来，这些人与朱元璋一起东征西讨，为建立大明王

［明］洪武通宝

明太祖孝陵神道

朝立下了赫赫战功。

朱元璋的家乡在1344年突然发生了一场瘟疫，由于疫情严重，其家人先后死去。为了生活，朱元璋只好去附近的皇觉寺出家做了和尚。后来，他离开寺院托钵流浪。1351年，红巾军起义爆发，濠州的郭子兴等人奋起响应。在幼时的伙伴汤和的引见下，朱元璋前往濠州投靠郭子兴，加入抗击蒙元的队伍中。

入伍之后，朱元璋因骁勇善战、聪明伶俐，且略懂文书，很快受到了郭子兴的赞赏，被调至帅府做事，并被委以亲兵九夫长之职，逐渐成为郭子兴的亲信。后来，郭子兴将21岁的养女马氏嫁给朱元璋做妻子。从那时起，军中便改口叫朱元璋为"朱公子"。因其身份尊贵了，就不可再用以前的小名"重八"了，郭子兴便给他正式改名为

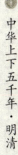

"元璋"，以"国瑞"为字。

因看到濠州城内众多将领争权夺利，矛盾重重，朱元璋决定凭借个人之力开拓崭新的局面。于是，他返乡招募兵马，没用多长时间就招募了700多名兵士，返回濠州。郭子兴因而甚为欢喜，将朱元璋提升为镇抚。后来，经过连续招募和收编，朱元璋的队伍日益壮大。

独掌大权，终成大业

为避免几支部队混杂生事，朱元璋于1354年率领部下攻克并占领了定远，然后他对自己的队伍进行了整编，打算率军南下。在南下滁州的路上，定远的名士李善长前来投靠，朱元璋便将李善长留下担任幕府的书记，同时叮嘱他要把将领间的关系协调好，一起开创伟业。

当朱元璋攻取滁州城后不久，郭子兴赶到了滁州，朱元璋马上把兵权交给了郭子兴。为了解决缺乏军粮的难题，朱元璋于1355年带领汤和等将士将和州（今安徽和县）一举攻克。郭子兴闻讯立即委任朱元璋做总兵官，命他在和州驻守。在军中，朱元璋严明纪律，并命令将军队俘获的有夫之妇释放回家，使城中众多被拆散的夫妇得以团聚，朱元璋及其部队也因而愈加受到百姓的拥戴。

1355年，刘福通将红巾军领袖韩山童的儿子韩林儿从武安山（今河北武安境内）中接出来，并拥护其做了皇帝，称其为"小明王"，定国号为"宋"，以"龙凤"为年号。郭子兴因病去世后，小明王韩林儿委任郭子兴之子郭天叙做都元帅，部将张天佑担任右副元帅，朱元璋担任左副元帅。不久后，张天佑和郭天叙皆死于战场，朱元璋便当了大元帅，郭子兴以前的军队都由他调遣。

此后，朱元璋因屡建战功而不断被提升，于1361年被封为"吴国公"，后来自称为"吴王"。1368年，朱元璋在应天（今江苏南京）登基称帝，建成了全国统一的封建统治政权，定国号为"大明"，年号为"洪武"。

朱元璋统治初期，阶级矛盾、民族矛盾和统治阶级内部各集团间的矛盾错综复杂，为了缓和这些矛盾，他推行了抵御外侮、改革政治、重视生产、稳定民生等众多对社会进步有利的政策和措施。但是，朱元璋生性多疑，总担心有功之臣觊觎皇权。为了加强君主专制的中央集权统治，他从明初期便极力强化朝廷在政治、经济、军事、思想等方面的控制，后来终于引发了明中期之后新兴思潮和守旧思想的斗争。

［明］玉雕大雁带饰

明太祖治国

朱元璋称帝后，他渐渐意识到帝权和相权的矛盾，担心臣子权力过大会再次出现元末"宰相专权"的局面。于是，通过"胡蓝之狱"，朱元璋大肆杀戮，用14年的时间几乎斩杀了所有的开国功臣。1382年，朱元璋设立锦衣卫作为皇帝亲自掌管的军事机构，与此后的东厂、西厂一起构成了中国历史上著名的明朝特务机构。他还用严厉的刑罚处置贪官污吏。这在一定程度上使封建统治得到了巩固，阶级矛盾有所缓和，社会秩序变得稳定，但这一系列的措施也造成了严重的后果。

胡蓝之狱

年轻时就追随朱元璋起兵的胡惟庸是凤阳府定远县（今安徽定远）人，曾经很受朱元璋的偏爱和信赖。1377年，胡惟庸被任命为丞相。随着权势的日益显赫，他变得越来越傲慢专横、飞扬跋扈，私自决定官吏们的生杀或升降，这逐渐使朱元璋坐立不安，皇权和相权产生了矛

《御制大诰》书影

盾。随后，中丞涂节与中书省官吏告发胡惟庸图谋反叛，于是朱元璋借机以"擅权植党""枉法诬贤"等罪名将胡惟庸处死。此后又兴起几次大狱，先后被斩杀的王公贵族竟多达3万余人。胡惟庸案刚终结不久，又兴起了蓝玉案。洪武二十六年（1393年），朱元璋以"谋反罪"杀凉国公蓝玉、景川侯曹震、鹤庆侯张翼等人，不仅诛灭了蓝玉的全家，还杀死了约1.5万受此案牵连的贵族和文武官吏。

在历史上，胡惟庸案和蓝玉案合称"胡蓝之狱"。通过这两宗大案，朝廷中的开国功臣们几乎被斩杀殆尽，历史上的明太祖也因专制独断和残忍暴虐而闻名。

处死胡惟庸后，朱元璋便下诏将中书省撤除，将丞相之职废除，还规定以后各代均不可再设丞相之职；六部的尚书都受皇帝直接统辖；废除执掌军权的大都督府，改立五个都督府，分别训练兵将。若要进行征战，则由皇帝直接发号施令。这些举措，进一步强化了中央集权统治，使得明朝专制皇权达到了顶峰。可如此一来，必定会造成皇帝的专断独裁，皇帝个人的决断难免会出现草率与不公平之处，对社会发展较为不利。

特务机关"锦衣卫"

朱元璋在抗元时期的检校组织是锦衣卫的前身，专门负责打探和启奏京中所有衙门官员违法乱纪的事以及通过传闻得知的事。明朝初期，朱元璋设立拱卫司作为皇帝侍从军事机构，统率校尉，从属于都督府。他于1382年春天改设锦衣卫，其下设有指挥使、指挥同知、指挥佥事、镇抚使及千户5个等级。为了强化中央集权统治，朱元璋令锦衣卫专门执掌刑狱，授予其巡察缉拿的权力。锦衣卫不必经过司法部门即可进行侦查、缉捕和审讯活动，是直接隶属于皇帝的亲卫军中的一个。历史上虽然也有像袁彬、

［明］御墨

牟斌那样耿直公正的指挥使，可是纵览明朝的锦衣卫，其主要职能仍是为明朝的极端专制统治做帮凶。由于锦衣卫的存在，明朝皇帝在压迫和限制士大夫阶层及普通百姓时就更加随心所欲了。然而，这样做的代价却是在很大程度上降低了社会活力，这也是拥有200余年历史的明朝在政治和经济制度上不但没有什么进步，反而有所倒退的主要缘由。

严惩贪吏

出身贫寒的朱元璋自幼备受元朝贪官污吏巧取豪夺之苦，他当了皇帝后，便在全国展开了声势浩大的"反贪官"运动。他惩治贪污有两大独特的方法，一是查处窝案，一是施行酷刑。

1385年，朱元璋还亲自编撰了《大诰》，并使其效力在《大明律》之上。《大诰》里规定，凡是贪赃60两银子以

上的，都要被处以剥皮揎草的刑罚。在惩贪治污上，朱元璋向来行动猛烈、果敢迅速，也从不庇护官高势大者和自己的亲眷，就算职位再高、与他的关系再亲近，也绝对不会曲意纵容。朱元璋除严惩贪官外，还很重视嘉奖廉洁的官吏，以匡扶正气、压制邪佞。历经二三十年的治理，明朝官场之风渐渐变好，地方官吏的作风和政绩日益清明，社会秩序逐渐稳定，经济也随之得到发展。

明朝开国皇帝朱元璋凭借其声誉和名望，以坚定的决心和强大的力度，用异常残酷的法律严厉惩治贪官污吏，起到了很好的威慑效果，在一定程度上使社会矛盾得到了缓和。从称帝到死去，朱元璋始终都在进行惩贪运动，但贪污现象自始至终都未根除。

［明］黄地紫龙碗

明朝开国功臣

朱元璋在建立明朝过程中，尽管充分展现了其军事、政治才能，但他手下大将也功不可没。如"张良在世"刘伯温、"万里长城"徐达、开平王常遇春、开国文臣宋濂等，他们为明朝的建立立下了汗马功劳。

"张良在世"刘伯温

生于1311年的刘伯温，名刘基，字伯温，以字行于世。出身名门的刘伯温从小天资聪慧、机智过人。1333

刘伯温墓

年，刘伯温考中了元朝进士，从此走上仕途。在20多年的仕途中，他多次遭受排挤和贬斥，因此对元朝非常失望，前后3次愤然请辞，返回故乡浙江青田过起了退隐的生活。当朱元璋的军队攻打至浙东的时候，朱元璋将在青田隐居的刘伯温请来做他的谋士。刘伯温出山后一心为朱氏政权效力，为朱元璋定下了"先灭陈友谅，再灭张士诚，然后北向中原，一统天下"的战略方针。得到刘伯温辅助的朱元璋如虎添翼，他基本上遵从了刘伯温为其制定的战略和战术，终于成就了一番霸业。在朱元璋看来，刘伯温好比是西汉初年的张良辅助刘邦一样辅助了他，因此民间有"上有诸葛孔明，下有刘基伯温"之说。作为开国元勋之一，刘伯温被朱元璋委任为御史中丞兼太史令。1371年，他主动请辞，返回故乡青田退隐。然而，功勋显赫的刘伯温在隐退后却并没有得到善终。他受到左丞相胡惟庸的诬陷，引起皇帝的猜疑，于1375年郁郁而终。1514年，即刘伯温去世后139年，刘伯温被追赠为"太师"，追谥"文成"，故后人也称其为"刘文成"。除了是一个神机妙算的军事家，刘伯温还是一个有名的学者和文人，其著述众多，有《郁离子》和《诚意伯文集》流传于世。《郁离子》是刘伯温的代表著作，在中国思想史和文学史上皆具有重要地位。

"万里长城"徐达

明朝的开国军事统帅徐达（1332年—1385年）是濠州钟离人，字天德。他与朱元璋是同乡，生于农民家庭，

徐达墓前的牵马石人像

幼时就有远大志向。少年时徐达曾是朱元璋的玩伴。他于1353年投靠了郭子兴率领的起义军，受朱元璋统辖。徐达与常遇春都是朱元璋的得力助手，可是朱元璋经过一番思量后，最终还是任命徐达为帅，徐达也未辜负他的期望。在中国历史上，南方一直由北方政权来统一，但徐达却首创了由南方政权统一北方的先例。徐达作战果敢勇猛，行事谨慎细密，带兵纪律严明，曾多次亲率大军南征北战，功勋显赫却不矜夸，明太祖赞其为"万里长城"。为了表彰功臣，朱元璋于1369年新年颁布诏令建立功臣庙，亲自排列功臣的位次，徐达因功勋显赫被列为首位。然而徐达从不自负，在皇帝跟前更是恭顺谦卑、谨言慎行。朱元璋时常召徐达进宫，设宴畅饮，总是称之为"布衣兄弟"，但徐达一直谦逊小心，丝毫不敢逾越君臣之礼。徐达于1385年初在南京逝世，终年54岁。朱元璋闻讯后，决定罢朝，并亲自前往灵堂吊唁，以示哀悼。之后，朱元璋追赐徐达为"中山王"，赐谥"武宁"，其三代皆被封为王爵，赐其在钟山之北安葬。朱元璋还亲自撰写徐达的碑文，赞其为"开国功臣第一"。

开国文臣之首宋濂

　　明朝著名散文家和学者宋濂（1310年—1381年），浦江（今浙江义乌）人，字景濂，自号"潜溪"，"玄真子""玄真道士""玄真遁叟"是其别号。被朱元璋称为"开国文臣之首"的宋濂与刘基、高启在我国古代文学史上并称为"明初诗文三大家"。宋濂以传承儒家道统为己任，写文章提倡"宗经""师古"，效仿唐、宋，著述众多。那些明朝开国时的朝廷礼乐制度，大多都是宋濂订立的，刘基赞其"当今文章第一"，天下学者则呼之为"太史公"。在明太祖朱元璋为政期间，以宋濂、王祎等为代表的"道统"文学在官方政治势力的推动下，渐渐取得了文学的主流位置。他还是首开私家藏书之风的人。宋濂有《宋学士文集》存世，传记小品与记叙性散文是他著作的代表，他写的各种文体各具特色，较为灵活。他的散文语言简洁淡雅，很少铺陈，但偶尔某些描写的片段写得清丽俊美。从总体上看，宋濂的文章风格既符合当时的道德准则，又具备很高的语言造诣，体现出娴熟的写作技巧，或许这就是他的文章被奉为明朝初期文学风尚典范的缘由吧。

[明]宋濂《王诜〈烟江叠嶂图〉跋》

建文帝削藩

大明王朝建立后，朱元璋为了防备北元的进犯，稳固统治，施行了分封藩王的制度。但是，早在建文帝还是皇太孙的时候，他就注意到了来自各个封地藩王的潜在威胁。因此，建文帝登基后没过多久就开始进行削藩了。

建文帝仁政惠民

皇太子朱标于1392年因病去世，给年近70岁的明太祖朱元璋以沉重的打击，朱元璋悲痛之余立朱标之子朱允炆为皇太孙。

1398年，明太祖朱元璋逝世，皇太孙朱允炆继承皇位，年号改为"建文"，史称"建文帝"。

建文帝登基后，对黄子澄、齐泰、方孝孺等文人大加重用，并改革了先朝的苛酷政治，给百姓和官员营造了一个比较自由的环境。他施行惠民政策，重视农业生产，减免税赋；救济灾民，下令由国家抚养老弱病残的百姓；他还大力创办学校，对官员进行考核审查，任人唯贤，并令侍郎暴

[明] 掐丝珐琅龙耳炉

昭、夏原吉等24人担当采访史，分别巡察天下，体察民情民意。建文帝在位期间，将明太祖时期的紧张气氛一扫而光，令中原大地出现一派生机。

藩王势大，建文削藩

"削藩"是建文帝众多改革措施中最为重要的一项内容。

朱元璋登基后，在强化君主专制统治的同时，他还对诸王进行了分封，以增强皇室自身的实力，确保朱明王朝的长治久安。朱元璋把他的24个儿子和1个从孙皆册封为藩王，并派他们分别驻守全国各个战略重地。这些封藩从地理位置看主要

[明]镶嵌宝石金酒壶

分为两类，即内地和边塞重地。被封的诸王在各自的封地内设立王府和官署，具有很高的地位。朝廷给每个藩王万石的薪俸；藩王无权干涉地方政事，但有权指挥封地周边驻守的国家军队，中央调动地方军队需经过所在地藩王的批准方可调动；藩王还有自己的军队。

在刚刚登基的建文帝看来，他那诸多拥有特权的藩王叔父，是他统治过程中的威胁。燕王朱棣在抗击蒙古人进攻的过程中，其势力不断壮大，逐渐成为皇权的最大威胁。基于上述几点，建文帝在即位后便采纳了大臣的建议，开始施行"削藩"行动。

建文帝朱允炆像

建文帝听从了黄子澄的建议，决意先消除几个力量稍弱的藩王爵位，之后再对付力量最强的燕王朱棣。同时，建文帝还下令众藩王无权管辖地方的文臣武将，这使得皇族内部的矛盾很快被激化。不到一年时间，建文帝就先后将5个藩王削掉了。但是，当建文帝对燕王朱棣进行削藩时，却遭到了强烈的对抗。

建文帝派心腹大臣监视朱棣，准备寻机将其逮捕。朱棣闻讯后，马上把前来执行监视使命的大臣诱杀了。当建文帝决意正式对付朱棣时，却为时已晚。1399年夏天，燕王朱棣发起"靖难之变"，起兵与朝廷对抗。

起初，朝廷的兵力在战斗中拥有绝对优势，但因建文帝的怯懦，朝廷军队屡战屡败。历经长达4年的拉锯战后，燕王朱棣终于将南京攻克，将建文帝赶走，自己当上了皇帝。建文帝的皇帝生涯就此终结了。

靖难之变

朱元璋的分封制度原本是想确保朱明王朝能够长久地统治下去，然而却引发了一场骨肉相残的战争。建文帝来势凶猛的削藩行动，很快激化了皇族内部的矛盾。燕王朱棣趁机起兵谋反，夺取皇权，历史上称之为"靖难之变"。

"清君侧"，发"靖难"

明太祖朱元璋的第四个儿子朱棣（1360年—1424年）从小就习练战术，掌握了经史兵法。朱棣于1370年被封为"燕王"，1380年开始驻守北平，手握重兵。朱棣不但勇武，而且机智过人，富有谋略，自幼便备受朱元璋的喜爱。他在抗击元朝残余势力过程中赢得了重大胜利，从而增强了自己的军事实力，渐渐成为北方最强的一个藩王。太子朱标死后，朱元璋认为燕王很有帝王之气，而且文武

南京明故宫午门遗址

兼备，便想将他立为太子，可这与他所制定的"嫡长继承制"不符。最后，朱元璋还是让朱标之子朱允炆继承了皇位。尽管朱棣具备帝王的才能，却无继承皇位的机会。

皇长孙朱允炆登基后立刻开始大举削藩。燕王朱棣知道自己的势力太大，削藩的风暴总有一天会降临到自己身上，所以很早就开始暗自训练军队，打算时机一到便起兵反叛。1399年夏天，朱棣正式起兵对抗朝廷。

[明]永乐青花
折枝花果纹梅瓶

朱元璋当皇帝的时候，由于担心权臣篡夺皇权，便规定藩王有权声讨奸佞之臣及起兵"清君侧"，还在《皇明祖训》里写道："朝无正臣，内有奸逆，必举兵诛讨，以清君侧。"燕王朱棣便以这个作为借口，将建文帝身边的齐泰和黄子澄指作奸佞之臣，宣称要进行诛杀，还将自己的举动称作"靖难"，就是"靖祸难"的意思。因此，这场明朝皇室内部的权力争夺战便被史学界称为"靖难之变"。

四年"靖难"，皇位易主

领兵征战经验丰富的燕王朱棣带领其麾下训练有素的精兵强将，起兵没过多长时间，便将北平以北的居庸关、怀来、密云及以东的蓟州、遵化、永平（今河北卢龙）等州县攻克了。平定了北平的外围，即解除了后方的忧患，随后挥军南下。

明初的功臣和久经战场的将领几乎被明太祖杀尽了，朝廷已没有可用的将领，建文帝先后任命将近70岁的老将耿炳文和膏粱子弟李景隆为大将军进行北伐，但都被朱棣打败了。

1402年春，朱棣率军接连打败何福、平安师，一个月后又将泗州、扬州攻下，势不可当，很快兵临南京城下。建文帝看形势危急，打算割地以分南北朝作为条件与朱棣议和，却遭到朱棣的拒绝。随后，朱棣军由瓜洲渡江到达南京金川门，保卫京城的将领李景隆把城门打开投降，南京城被攻破，建文帝朱允炆下落不明。

明成祖朱棣像

1402年夏天，燕王朱棣在群臣的拥护下登基，改年号为"永乐"，史称"明成祖"。经过4年的"靖难之变"，燕王朱棣取得了最终的胜利。燕王称帝后，在相当长的一段时间里对藩王仍采取削弱实力的政策，逐渐将权力集中到自己手里，巩固了其帝位。

明成祖迁都

明成祖为了挫败漠北的蒙古势力，稳定北方，在1403年将"北平"改为"北京"，将"北平府"改作"顺天府"，决定把国都迁到北京，"北京"之名便是从那时开始的。历经18年的艰难准备，明成祖最终实现了自己多年来的愿望，成功迁都北京。

一统天下，决心北迁

明朝初期，随着全国统一形势的发展，若想确保这一局面的稳固，就一定要将明朝的经营重点向北迁移。燕王朱棣于1402年将南京攻克后夺取了皇位，史称"明成祖"。他曾长年驻守北方重镇，因此比其他人更能领会到北方的战略地位的重要。同时，由于元朝的残余势力逐渐退到漠北，位于长江之岸的南京与北部边疆相距太远，力量不足。为了统一大

[明]永乐大钟

业，将国都向北迁移的事情就被提上了日程。

为了避免遭到舆论的反对，明成祖通过礼部尚书李至刚之口将兴建北京的建议提了出来。1403年，明成祖开始为北平正名，将"北平"改为"北京"，升作"陪都"，称为"行在"（皇帝所在之地），将北京的政治地位提高了。与此同时，将"北平府"改为"顺天府"，明成祖开始大举营建北京。他下诏向北京周边大举移民屯田，5年内皆减免赋税；一部分兵士、流亡者或囚犯被安排到北京附近地区种田，还推行了一些惠民政策。经过多年的精心建设，北京终于变得日益繁荣，初具大都市的规模，基本能与南京相媲美了。

1406年，明成祖下诏宣布于次年开始正式建造北京宫殿，还在北京北郊昌平境内给自己建造了长陵。明成祖于1410年领兵亲征回朝后，次年就令工部尚书宋礼及都督周长对会通河进行疏浚，工程共历时5年，直至1415年才全部完工。运河的贯通使南粮北调成为现实，在物质方面为明成祖迁都北京提供了保障。

明成祖于1416年正式诏令"文武群臣集议营建北京"，公开了迁都计划，迁都北京的时机逐渐成熟了。

迁都北京，功盖历史

1420年，北京宫殿的兴建基本完工。

新建造的北京城的规制与南京相同，且较南京更为雄伟壮丽。1421年，明成祖正式下诏从南京迁都到北京，将北京定为京师。为了表现出对明太祖的敬重，明成祖在迁都后依然将南京称作"京都",将北京称作"陪都",并让太子在南京留守监管国事。明朝由此开始实行真正意义上的两京制,即南京与北京同时各有一套政府机关。然而,皇帝与中央朝廷皆在北京,政策法令也皆由北京宣布,此时北京实际上已成为真正的国都了。

明成祖于1424年在北伐班师回朝途中因病去世,他的儿子朱高炽登基,称明仁宗,依然将南京定为京师,把北京称为"行在"。直至正统初年,明英宗将北京的"行在"之称去除后,北京的国都地位才被正式确立。

明朝初期统一战略中的一项重要措施就是迁都北京,明成祖这样做的主要目的就是稳固北方边疆。在加强边境防务、维护国家统一方面,迁都北京皆有重要意义。同时,迁都北京也是明朝能够统治近300年的重要保障。明成祖把北京设为中国的国都是他在历史上做出的一个重要贡献。

北京城东南角楼

郑和七下西洋

明朝初期，随着中央集权的不断强化，国内形势变得较为稳定，商品经济得到迅速发展。明朝政府为了拓展与国外的关系，加强贸易和交流，曾经7次命郑和率领大规模的船队远赴"西洋"，这是人类航海史上的一次伟大突破，推动了中国和亚非国家及地区的经济文化交流，抒写出中外关系史上雄壮而美丽的诗篇。

朱棣的设想

郑和（1371年—1435年），回族，云南昆阳（今昆明市晋宁县）人，原本姓马，小字三保，笃信伊斯兰教。明朝将云南统一后，郑和被捉到南京当了宦官，并奉命到北平燕王府当差。在历时4年的"靖难之变"中，郑和一直追随在朱棣左右，多次参加战斗，战功卓著。明成祖朱棣即位后，提拔郑和为内官监太监，1404年亲笔为他赐"郑"姓。

郑和下西洋

从那时起马三保便改名为"郑和"，人们也称他为"三保太监"。

经过明太祖31年的勤政治理，明朝初期的经济发展迅速，国力大大增强，在纺织、陶瓷、造纸等手工业制造方面皆取得了巨大进步与发展。特别是造船和航海业发展迅速，科技水平和航海技术皆居于当时世界前列。此外，明朝初期工商业的复兴，海外贸易的迅猛发展，对外移民的增多，这一切皆成为郑和下西洋的经济条件和物质基础。

明成祖登基后依照局势的变化，对国家的对外政策进行了调整，实行对外开放政策。他先是稳定周边，然后将中国的安定、进步同海外，特别是同邻邦联系到一起，以形成一个长期太平安定的稳定局面。明成祖的对外政策中一个重要的举措就是派郑和出使西洋。这样不仅能向海外各国夸耀国力，显示中国的富强，进而也能传扬明朝的国威和德政。

历史航程与功绩

明成祖朱棣于1405年命郑和出使西洋，为中国航海史开创了光辉灿烂的新篇章。

据粗略计算，郑和每次下西洋皆要带2700多人，当时船队的编制非常完备和周密。根据《明史·郑和传》所载，郑和共有63艘航海宝船，最大的宝船有151.18米长，61.6米宽，为当时世界上最大的海船，一艘船能装下1000余人。在航海过程中，郑和综合运用了天文导航、罗盘导航、陆标导航、勘测水深及地质等诸多导引航线的方法，当时在世界上，这些航海技术皆位于前列。

1405年到1433年，郑和在28年间共7次下西洋，先后到过30余个国家和地区。郑和每到一个地方，都会馈赠给当地国王丰厚的礼物，用带去的丝绸、瓷器、铜铁器及其他手工业品换回当地的特产，随从的官吏会将当地的风土人情和见闻及时记录下来。船队返回时，各国都会遣使臣随船来中国将珍宝和特产回赠给明朝皇帝，他们还积极同中国商人进行商品交换。郑和在发展海外贸易的同时，也向当地人传播了中国先进的文化，抒写了中外文化交流史上崭新的诗篇。

郑和七下西洋具有重大意义，其航行的路线由西太平洋穿过印度洋，直到西亚及非洲东岸，抵达南端的好望角，即到达了大西洋，共游历三大洋，在世界航海史上处于领先地位，比达伽马绕过好望角抵达印度早了83年，比麦哲伦完成环球航行早了107年。

声势浩大的下西洋活动结束后，明朝刚刚打开的对外交流之门又紧闭上了。海禁政策的逐渐推行，使得华夏大地又重新走进了长期闭关锁国的时期。

《郑和航海图》摹本

仁宣之治

明成祖朱棣去世后，他的儿子朱高炽、孙子朱瞻基先后继承了皇位。在明朝历史上，仁宗、宣宗两朝成了少见的吏治清明、经济繁荣、社会安定的时期，后人将这段时期称作"仁宣之治"。

善于纳谏，宽松治国

明朝历史上的第四位皇帝是明仁宗朱高炽（1378年—1425年），他是明成祖朱棣的长子，在明太祖时期便被立为燕王世子，于1404年被立为皇太子。1424年明成祖去世后，朱高炽在大学士杨士奇、杨荣等人的拥戴下即位，第二年将年号改为"洪熙"，在历史上被称为"洪熙皇帝"。

明仁宗在登基后施行了很多减轻百姓疾苦、调解统

［明］明宣宗马上像

治集团内部关系的政策，开始进行其仁政改革。他昭雪了一部分冤假错案，还恢复了一部分大臣的爵位，使朝廷内部的矛盾得到了缓和；他任用贤良之臣，委任杨荣、杨士奇、杨溥三人辅佐朝政；他下令减免赋税，便于百姓们捕鱼、狩猎，休养生息；他推崇儒学，鼓励并嘉奖忠孝，同时虚心接纳劝谏。另外，为了保证北方人能考中进士，仁宗在科举制度上制定了"南六北四"的选取比例，这项制度从此被沿袭下来，直到满清时期。

明仁宗所施行的仁政，本质上是一种宽和政治，他对混乱局面的治理深得朝廷上下的拥护。令人惋惜的是，明仁宗朱高炽仅做了10个月的皇帝就于1425年夏天得急病突然去世，终年48岁，后被安葬在北京昌平的献陵。

虽然明仁宗朱高炽在位还不到一年时间，可是后世之人对他的评价很高，说他"在位一载，用人行政，善不胜书。使天假之年，涵濡休养，德化之盛，岂不与文、景比隆哉"。明仁宗以仁政治理国家，为其后世的明朝君主守成创业提供了条件。

重用贤臣，息兵养民

明仁宗朱高炽去世后，其长子朱瞻基（1398年—1435年）即位，改年号为"宣德"，是为明宣宗。

朱瞻基不仅具有其祖父明成祖朱棣的英俊勇武，还具有父亲明仁宗朱高炽的机智聪颖，很受明成祖朱棣的喜爱。明成祖常向人说："他就是日后的太平天子啊。"

明成祖想要把朱瞻基栽培成有所作为的君主。因此，明成祖亲自率军征讨漠北的时候，始终把朱瞻基带在身旁，教他怎样率兵征战，磨炼他无所畏惧的气概。这些对明宣宗朱瞻基日后御驾亲征帮助很大。

明宣宗登基后，镇压了汉王朱高煦的谋反，解决了藩王问题。明宣宗任用贤臣，如前朝的"三杨"、英国公张辅和于谦、周忱那等。正是由于这些

［明］明宣宗《子母鸡图》

忠臣良将的大力辅佐，使得当时政治清明，社会安定。可以说，他们对促进"仁宣之治"的形成功不可没。同时，明宣宗在对内治理国家方面，采取了停止用兵、与民生息的仁政。他在位时期，人民生活安定，生产水平有了提高，手工业及国内外贸易也获得了发展。经济的兴旺发达，形成了明朝300年间的鼎盛时期，也就是被称为"仁宣之治"的安定繁荣的局面。

可惜，明宣宗于1435年便因病去世了，享年38岁，后被安葬在北京昌平景陵。他的过早辞世确实让人感慨。

尽管明宣宗只当了10年皇帝，但他承袭明朝开国60年来的根基，奋发图强，勤勉治国，因仁德治国使明朝迎来了"仁宣之治"的辉煌阶段。

土木堡之变

明朝进入中期以后，政治越来越黑暗，形成了宦官专权的局面。反过来，宦官专权又使得政治愈加黑暗。明成祖去世25年后，正当明朝皇帝肆意享乐消遣时，明王朝便遭遇了"土木堡之变"这场灭顶之灾。

大太监的小算盘

"土木堡之变"指的是明朝军队于1449年在土木堡被瓦剌军击败、明英宗不幸被俘之事，也叫"土木之变"。宦官专权是导致此事发生的间接原因，而蒙古瓦剌军的侵略则是直接原因。

明宣宗的长子朱祁镇（1427年—1464年）9岁的时候便即位当了皇帝，改年号为"正统"，史称"明英宗"。正统年间，政治日益黑暗、腐朽，当时宦官专政的代表人物便是著名的太监王振。英宗对王振十分倚重和信赖，可谓百依百顺，因而朝中之人都称呼他为"翁父"。

元朝的残余势力当时在漠北地区已分为两股，瓦剌和鞑靼两大部落相互征讨。到明英宗统治时，瓦剌的势力开始不断增强，并接连侵扰明朝的北部地区。那时，瓦剌部落的太师也先拥有实际权力。原本瓦剌和明朝有朝贡、贸易关系，可也先时常命人以向朝廷进贡为由，肆意骗取明朝的物品。1449年春，也先派2000名使臣来北京进贡马

土木堡英宗被俘

匹，但谎称来了3000人，要求根据此人数赐予物品。平日里与瓦剌相互勾结的王振，此次对也先欺瞒朝廷十分愤怒，便下令压低马价，还命人根据实际来使人数赐予物品。也先听说后怒不可遏，遂以此为借口发起对明朝的战争。当年夏天，瓦剌军分为四路兵马挥师南下，直取大同。

亲征瓦剌，被困土木堡

也先率领的瓦剌军势如破竹，镇守山西大同的军队连连败退，很多边寨城镇接连失陷。大同前线战败的消息频频传至北京，令满朝震惊。朝廷打算遣驸马都尉井源率领4万军队前往支援，明英宗召来大臣商量对付敌军的策略。

大太监王振小看了瓦剌的兵力，并想建立战功以稳固自己的地位，于是竭力鼓动英宗御驾亲征。血气方刚的明英宗也想亲自挥师讨伐敌军，效法曾祖父明成祖守卫边疆、平定漠北，因此他在王振的极力怂恿下计划亲自出征。

明军出征后，所有军政事务皆由王振独揽，随军的文武官员却无权参与军事决断，导致军中组织混乱。大军自从出了居庸关后，由怀来至宣府（今河北宣化），接连遇上风雨，再加上给官兵的口粮和饷银不能及时发放，军士饥寒交迫，士气锐减；到大同后，前线不断传来战败的消息，导致军中自乱。于是，英宗打算率军返回京师。但为了炫耀自己的权力与威势，王振邀请英宗"临幸"自己的家乡蔚州（今河北蔚县），而英宗也打算让王振荣归故里，大军便开始向蔚州撤退。但是大军刚刚出发，王振却反悔了，他担心大军经过家乡时会把庄稼踩坏，自己因而遭人辱骂，于是英宗又命令原路返回。宝贵的时间便被如此耽搁了。

明军刚撤退至怀来附近的土木堡时，便被追上来的瓦剌军包围了。土木堡内无水源，完全无法防御，饥渴难耐的50万大军陷入困境。也先趁明军没有防备之时发起全面进攻，明军一败涂地，伤亡惨重。在溃乱的军阵中，愤怒的护卫军樊忠用铁锤将王振锤死，随行大臣英国公张辅等50多人在这场残酷的战争中都战死了，明英宗在向外突围时被俘。此即有名的"土木堡之变"。

也先俘虏英宗后，企图以其作为人质，向明朝进行勒索，而明朝政府在英宗被俘获后，已把英宗之弟郕王朱祁钰拥立为皇帝，史称"明代宗"，也先的设想没有实现。于是，也先便决定将已没有利用价值的英宗送还给明朝。

"土木堡之变"是一个转折点，明军因之大伤元气，明朝的国力也大大削弱。在此之后，明朝对防御政策进行了调整，开始大规模地修建万里长城，并退至关内防守。

宠信宦官的明宪宗

明英宗之子朱见深即位后，改年"成化"，史称"明宪宗"。他在统治后期恣情淫乐，不理朝政，使得宦官势力不断增强。宪宗命宦官督管军务和官员的任免，导致宦官专权的情况日益严重。

沉溺女色，专宠一人

明朝的第八代皇帝朱见深（1447年—1487年）是明英宗的长子，他在英宗去世后登基，改年号为"成化"，历史上称为"明宪宗"。登基之后，他为了弥补英宗的过错，昭雪了于谦的冤屈，恢复了代宗朱祁钰的皇帝尊号。此外，他还废除了锦衣卫新修的监牢，同时禁止有权势的人侵吞土地。但另一方面，宪宗喜欢游乐，沉湎于女色，只宠爱万贵妃，加深了明朝政治的腐朽。

万贵妃本名为"万贞儿"，4岁便进宫，成人后在东宫侍奉太子朱见深。宪宗登基时将她封为妃，那时宪宗刚刚17岁，可万贵妃已36岁。万贵妃十分机敏，懂得如何投合宪宗心意，所以备受恩宠。后来，皇后被万贵妃诽谤而打入冷宫，她便开始统领六宫了。

万贵妃于1466年生下了皇长子，宪宗十分欣喜。可是不久之后，孩子便夭折了。后来万贵妃就一直未能再生育。为了防止失去皇帝的宠爱，她开始控制被皇帝临幸的那些嫔妃。只要发现嫔妃有了身孕，她便千方百计地让她们堕胎，或者对她们进行迫害。一个姓纪的宫女怀孕后，宫人谎称她得了腹胀病，万贵妃便将她监禁于冷宫的"安乐堂"内，之后纪氏在宦官的协助下才暗地里生下一个儿子，为宪宗留住了龙脉。

宪宗只宠爱万贵妃一人，任用外戚万安入阁参与机要事务的处理。万贵妃的亲眷在她的庇佑下四处霸占百姓的田地，很多官员也通过贿赂她而得到提拔，因此导致了明朝第一次外戚乱政局面的出现。万贵妃于1487年去世，宪宗由于过分悲痛也在几个月后离世，将一个满目疮痍的国家留给了儿子朱祐樘。

宦官汪直，权倾一时

明宪宗沉湎于游乐，不理朝政。除了宠爱万贵妃以外，他对宦官也非常偏爱和信赖，汪直在其中最为著名。汪直本为大藤峡（今广西桂平西北大藤峡）人，小时候便

明宪宗元宵行乐图

入宫做了太监。明宪宗在位期间，汪直在昭德宫担任内侍，负责侍奉万贵妃。

汪直为人奸诈狡猾，懂得揣摩他人心思，善于巴结奉承，所以很受万贵妃喜欢。汪直通过迎合万贵妃，进一步赢得了宪宗的偏爱和信赖，迅速被提升为"御马监掌印太监"。宪宗还委任汪直统辖特务机构西厂，明朝的厂卫制度在这时达到了巅峰。汪直倚仗着皇帝的宠信而玩弄权术，肆意妄为。他利用西厂接连排挤或清除异己，肆意乱杀无罪之人，制造了一连串耸人听闻的冤狱，使得朝廷内外皆惶恐不安。

每次外出时，汪直皆会带上很多人马前后护卫着，朝廷里的高官重臣皆需为其闪开道路，其气势甚至超过了皇帝本人。汪直在最后一次监军后失宠，宪宗先把他发配至边疆，后来又把他贬至南京，同时把他的残余党羽全部铲除，朝廷内外一片欢腾。

汪直死了之后，朝廷并未稳定下来，昏庸的宪宗又开始信奉佛道，胡乱任用奸猾谄媚之人。朝廷官员在这时也变得极端腐败，他们不仅侵占财物，不顾法纪，还为了讨好宪宗时常献上房中术。明朝的政治呈现出了从未有过的混乱局面。

［明］成化斗彩鸡缸杯

明孝宗"弘治中兴"

　　明宪宗去世后，太子朱祐樘登基，将年号改为"弘治"，史称"明孝宗"。明孝宗从小命运多舛，因此他登基后清正廉明，施行了一系列推进经济发展、缓解社会危机的治国方针，使社会矛盾变得和缓，呈现出相对安定的局面，社会经济迅猛发展，吏治愈加清明。在历史上，这段时期被叫作"弘治中兴"。

坎坷多难的童年

　　明朝的第十位君主是朱祐樘（1470年—1505年），其父为明宪宗。朱祐樘在位时年号为"弘治"，史称"明孝宗"。他是明朝中叶一名仁慈的君主，可他的童年却多灾多难，命运坎坷。

　　明孝宗的母亲姓纪，为广西纪姓土司之女，纪姓叛乱被平定之后，她被带入宫中。纪氏端庄聪慧，被选入内书堂学习，后来被安排到内廷书室守护藏书。明宪宗时常去书室读书，很喜欢纪氏，在一次临幸后，纪氏有了身孕。那时，宫里最受恩宠的是万贵妃，她恃宠而骄，为非作歹，把其他妃嫔都看作是眼中钉、肉中刺。宪宗在朱祐樘以前曾有过两个儿子，一个为万贵妃所生，没过多久便夭折了；另一个为柏妃所生，后被万贵妃害死。纪氏便是在万贵妃的魔爪之下暗地里生下朱祐樘的。幸亏有太监怀恩和宫女张敏，以及被废去后位的吴氏、周太后等人的全力保护，纪氏才逃过被万贵妃残害的劫难。

朱祐樘降生后始终和母亲纪氏生活在一起。他3岁时，宪宗方得知自己有这个儿子。后来，朱祐樘被正式册立为皇太子。而纪氏在册立太子前的一个月突然去世，张敏也吞金自杀身亡，她们的死因皆和万贵妃有关系。此后，朱祐樘生活在仁寿宫中，由周太后抚育。于是，万贵妃再也没有办法加害于他了。

万贵妃于1487年突然死亡，一个月后宪宗也去世了，孝宗登基。

励精图治的中兴之主

登基伊始，明孝宗首先裁撤了太监，贬抑了奸诈狡猾之人；其次，孝宗开始整饬吏治，裁掉了2000多名传奉官；此外，成化年间因直谏遭贬的官员皆得以重新任用，孝宗还选拔提升了徐溥、刘健等贤良之臣参加国家机要事务的处理。

孝宗为了使农业发展、经济繁荣，便下旨修建水利工程。苏杭及周边地区消除水害后，重又成了物阜人多、盛产鱼米的富饶之地。

孝宗在位时期勤于政

[明]弘治铜鎏金药师佛坐像

明孝宗泰陵

务，数次减免灾区粮赋，使农民的负担减少了；他下旨不准朝廷官员假公济私，不准宗室、外戚侵占土地，使社会矛盾得到缓和；他还很注重司法，令天下众司审讯犯有重罪的囚犯，谨慎办理刑事案件。《问刑条例》于1500年订立，《大明会典》则于1502年被编成。

孝宗在武治上也立下很大功绩。他打败了土鲁番，收回了嘉峪关以西的领土。他还下令修葺长城，抗御蒙古，巩固了明朝的统治。

明孝宗朱祐樘身为明朝的中兴皇帝，在生活上对自己要求非常严格，一直远离歌舞和女色。他是中国历史上唯一一名实际施行一夫一妻制的皇帝。

孝宗任人唯贤，勤于朝政，提倡节俭，息兵养民。在他统治的18年里，明朝呈现出了少见的政治清明、经济兴旺、人民安乐的局面，在历史上被叫作"弘治中兴"。明孝宗于1505年在乾清宫去世，年仅36岁，被安葬在北京昌平泰陵。伴随着孝宗的逝世，明朝的中兴时期也一去不回了，从此，明朝开始逐渐走向灭亡。

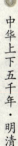

正德帝微服出游

明孝宗的长子朱厚照即位后将年号改为"正德"，史称"明武宗"。明朝开国以来，他是第一个以嫡长子的身份当上皇帝的。与此同时，正德帝也是明朝最任性、最不顾及帝王尊严的一个皇帝。

偏倚内宦，荒废朝政

朱厚照（1491年—1521年）是明孝宗朱祐樘的长子，即位后被称为"明武宗"，其母为张皇后。他从小被寄予厚望，在其两岁之时便被册立为皇太子。

朱厚照于1498年开始读书写字，年仅7岁。他聪慧机敏，勤奋用功，受到人们的一致赞扬。不过，在东宫太子的侍从太监里，有8个号称"八虎"的太监，为了讨好将来的皇帝，不让皇太子与儒臣亲近，每日便引诱太子玩乐，并时常安排各种表演及体育运动，那时的东宫被人们戏称作"百戏

明武宗康陵明楼

场"。没过多久，年纪尚小的朱厚照便沉湎于其中，且一生都未从中解脱出来，将学问和政事都荒废了。

明孝宗于1505年因病去世，年方15岁的朱厚照登基，将年号改为"正德"，史称"明武宗"。

朱厚照登基后，刘瑾、谷大用等8名太监被分派至各处宫禁负责管理具体事务。此后，刘瑾等人依然整日给武宗送鹰、犬等动

〔明〕正德青花灵芝纹阿拉伯文罐

物，诱导他恣情游逸。起初，他们在宫里按街市的模样建造了很多店铺，由太监扮成老板、百姓，武宗扮成有钱的商人，以此为乐；之后，他们又效仿妓院，叫众宫女扮成粉头，让武宗一家一家地进去听曲赏歌、纵欲作乐。武宗因此不能正常作息，也不再料理朝政。后来，刘瑾又在西华门建造了"豹房"，在其中聚集了众多以各种不正当的方法由民间得来的女子，武宗在这里整日为所欲为，淫逸放纵。

纵情声色，微服出游

仅在宫里和京城游玩，明武宗逐渐感到无法满足，于是他抛却国家政事，开始穿着平民衣服秘密去四处巡游。

1514年，明武宗来到了京城的一处教坊司内，此为史

书上确切记载的正德帝的第一次微服出游。后来，他又多次前往宣府、大同等地微服出行。

一次，明武宗出了张家口之后来至山西大同周边纵情山水，好不快活。为了避免走漏消息，他给自己设定了一个虚假身份——大将军朱寿。没过多久，他下令为大将军朱寿晋升官阶爵位，负责管理国家军队。朝臣们得知实情后，皆束手无策。明武宗还非常爱好用兵征战。他在1518年秋令内阁大学士草拟诏书，派"威武大将军"朱寿挥师西北巡察边境地区，朝臣们极力阻拦却无济于事。随后，将自己封作"镇国公"。到达西北后，他又封自己为"太师"，高居内阁大学士首位。于是，他成为他自己下面武功最高的王公和权力最大的文官。此事传到京城后，群臣啼笑皆非。正德帝这次巡游历经9个多月，等到他返回京城时，已经到了1519年春天。

1519年夏天，宁王朱宸濠在江西发动叛乱。两个月后，明武宗以亲征为名南巡玩乐，但当时叛乱已被平定。他知道后，不想就这样返回京城，依旧留在江南恣情游玩。次年秋天，他在淮安清江浦上乘舟垂钓时，不小心跌落水中，差一点被淹死，从那以后便大病不起。1521年，明武宗在豹房中病逝，为他放荡的一生画上了句号，年仅31岁，之后被安葬在北京昌平康陵。

由于正德帝生前没有儿子，因此在他去世后，皇位落到皇室旁系的手中，明孝宗一系就此终结。

痴迷道术的嘉靖帝

明武宗朱厚照去世后，由于他没有子嗣继承帝位，根据"兄终弟及"的祖训，由当时年仅14岁的朱厚熜继承帝位，改年号为"嘉靖"，史称"明世宗"。明世宗集狂妄自傲、残暴狠毒、放荡不羁和爱耍手腕于一身，在位的40余年里始终沉迷于道教方术，疏于朝政，导致明朝的元气在嘉靖朝受到极大损伤。

"兄终弟及"与"大礼之争"

明世宗朱厚熜（1507年—1566年）的父亲为兴王朱祐杬。朱祐杬是明宪宗朱见深的次子，同明孝宗朱祐樘是同父异母的兄弟，于1487年封为"兴王"。朱厚熜是朱祐杬唯一的儿子，从小就勤奋好学，朱祐杬亲自教他学习书史。兴王在1519年逝世，其子朱厚熜承袭封爵成为兴王，时年12岁。明武宗朱厚照于1521年去世，由于无子，且为单传，所以皇太后和内阁首辅杨廷和决定根

嘉靖帝御笔题写的武当山玄岳门"治世玄岳"

据"兄终弟及"的祖训，由武宗的堂弟朱厚熜来京承继大统，第二年，将年号改为"嘉靖"，史称"明世宗"。

嘉靖登基之后，在怎样尊崇他的父母一事上，和礼部以及许多朝廷大臣的意见产生了分歧。那时，朝廷中有两种不同意见，一种是以大学士杨廷和为代表的"反对派"，提出朱厚熜应当过继给孝宗做儿子，将孝宗尊奉为"皇考"，将生父尊奉为"皇叔考"；另一种是以张璁为首的"支持派"，主张"继统不继嗣"，认为应当将兴王朱祐杬尊奉为"皇考"，将孝宗尊奉为"皇伯考"。两派旁征博引，争辩不休，这便是明朝历史上有名的"大礼之争"。

"支持派"的势力在嘉靖帝的支持下逐渐增强。经过几个回合的争辩后，最终在1524年爆发了著名的"血溅左顺门"事件。"大礼之争"以嘉靖帝获胜而宣告结束。嘉靖帝终于如愿以偿，追尊其父为"明睿宗"，还把神主入太庙，位于武宗朱厚照之上。

"嘉靖中兴"，沉迷道术

登基之初，嘉靖帝立志效仿太祖、成祖施行"新政"，做一个被后人赞颂的开明圣贤之君。嘉靖帝下旨宽赦天下，全力革除前朝的弊病，大加任用前朝重臣，处死了奸佞之臣钱宁、江彬等人，加强对宦官的约束，恢复并加强了中央集权；下令减少租税，调整赋税和徭役，救助灾荒等，大大缓和了当时尖锐的社会矛盾，更新了朝政。刚坐上皇位的嘉靖帝还善于接受劝谏，处理朝政十分勤勉。此外，为了稳固边防、海防，嘉靖帝还下旨开始大力修建长城，整顿边防部队，以抵抗外部侵扰。

在这段时期内，资本主义萌芽开始出现，科技和文化艺术达到了前所未有的兴盛，使得大明王朝呈现出了"嘉靖中兴"的局面，嘉靖帝也因而被誉为"中兴之主"。

但是，"中兴"的形势并未维持多长时间。后来，嘉靖帝只顾推崇道教，痴迷方术，把明朝推向了灭亡的边缘。

嘉靖帝坐像

因为嘉靖帝盲目信赖丹药方术，故时常遣人到处收集灵芝，时常服用道士们炼成的丹药，还在皇宫内外大规模建造宫殿庙宇，使百姓的负担更加沉重。嘉靖后期，嘉靖帝一心痴迷道教，期望长生不死，竟长达20年不过问朝政，使得徇私舞弊、违反法纪的首辅严嵩借机败坏朝政，明朝政治日益腐朽，国力日渐衰微，政治及经济皆出现严重的危机。嘉靖时期恰好处在明朝从兴盛至衰亡的转折阶段。在此之后，明朝渐渐走向灭亡。

1566年，明世宗朱厚熜在乾清宫去世，享年60岁，后来被安葬在北京昌平永陵。

张居正改革

到了嘉靖时，大明王朝已经病入膏肓，危机四伏。布衣出身的内阁首辅张居正便是在这样的情形下被推上历史舞台的，他凭借卓越的胆识与才智，整顿朝廷纲纪，稳固国家边防，施行"一条鞭法"，给岌岌可危的大明王朝带来了一线生机。也正是由于其卓著的历史功绩，张居正被后人赞为"宰相之杰"。

大权在握，整饬朝纲

到了明朝中期，贵族、地主侵吞土地的现象非常严重，社会矛盾更加突出，以致接连爆发农民起义，明朝的处境十分危急。张居正的革新举措便是在这样的背景下施行的。

生于湖北江陵的张居正（1525年—1582年），字叔

张居正为明神宗编写的《帝鉴图说》

大，号太岳。他经历了明朝后期嘉靖、隆庆、万历三朝，为中国封建社会末期最著名的改革家。张居正当上了内阁首辅后，手握大权，同时还拥有万历皇帝的支持与信赖，于是他便从万历之初开始，逐步推行革新措施。

张居正推行的措施主要有：

在内政上整饬吏治，强化中央集权制度。他制定了"考成法"，严格调查各级官员执行朝廷旨意的情况，规定地方按期将政事汇报给内阁，提升内阁的实际权力；免除墨守成规、不支持革新的顽固派官员，选拔支持革新的新生势力，为施行新法做好组织准备工作。

在军事上，张居正也推行了诸多革新措施。他派遣戚继光驻守蓟门，派遣李志梁驻守辽东，还在东自山海关、西到居庸关的长城上又修建了3000多座"敌台"。他还和鞑靼俺答汗商定，双方开展"茶马市"贸易往来，施行和平政策。从此以后，北方的边境防务变得愈加稳固，明朝与鞑靼之间在二三十年里都未爆发过大规模战争。

"一条鞭法"的推行

张居正在经济上的功绩最显著。他曾经任命著名的水利学家潘季驯负责监督治理黄河，使得黄河不再向南流进淮河，而且运河漕运也能直接到达北京。

在经济革新上，张居正推行的重要内容便是"一条鞭法"，这也是中国封建社会赋役史上的一次重要改革。"一条鞭法"规定，将各州县的田税、徭役和其他杂赋归结成一条，合起来收取银两，根据亩数折合上缴，使征收的手续变得极为简单，也让地方官吏很难徇私舞弊。与此同时，将徭役变成收取银两代替，使得农民拥有了更多的人身自由，较易脱离土地，为城市手工业提供了较多的劳动力，很好地促进了工商业的发展。自施行"一条鞭法"后，明朝政府每年的收入都有明显增加，较好地改善了国家财政状况。当然，张居正提倡变革的目的并非是为了减少百姓负担，而是为了稳固明朝的封建统治。但张居正的变革在某种程度上限制了大官僚、大地主的特殊权益，因此受到了这一阶层的强烈反对。

张居正于1582年病逝，那些反对变革的人重新聚集起来上奏弹劾张居正执政期间专断蛮横、肆意妄为。他们请求神宗下旨将张居正死时追加的官爵与封号都取消，并抄没其家产。张居正的大儿子被迫自尽身亡，其他家眷也遭到迫害。同时，朝廷的政策又都恢复到从前弊病百出的状况。在朝廷上下尽是毁谤之声中，唯独学者李贽对张居正做出了公平合理的评判，赞扬他实乃"宰相之杰"。

张居正的一生有功有过，然而身为一个封建士大夫，他能无怨无悔地操劳，勇于整饬废弛的政治秩序，努力让国家富足、百姓丰盈、边防稳固，也算是一个耿直公正的好官员。

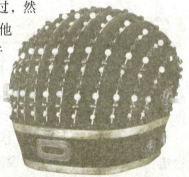

定陵出土的明神宗皮弁

戚继光平定倭寇

　　中国和日本两国相距不远，两个国家的人民在很久之前便开始和平往来。然而到了明朝，因日本国内的局势变化，造成了海盗骚扰中国沿海地区的倭患。戚继光以其满腔爱国热情，统领他的"戚家军"与倭寇展开殊死搏斗，"戚家军"的威名令海上的倭寇非常恐惧，倭寇从那时起便不敢再上岸滋事。

愈演愈烈的倭寇之患

　　倭患从明朝初期开始便始终存在着。朱元璋创建明朝时，日本恰好处在封建割据的南北朝期间。在南、北两个政权之外，日本还存在着很多割据势力——守护大名。他们除相互斗争以外，还时常支持和串通海盗侵扰、掠夺中国沿海区域，酿成了元末明初的倭寇之患。

　　朱元璋登基后，接连派遣使臣前往日本，力求恢复两国邦交，其主要的目的是

[明] 戚继光
行书《送李小山归蓬莱诗》

消除倭患。然而，因日本处于分裂对峙的局面，明朝虽多次派遣使臣到日本，却无任何成效，倭寇的骚扰反而日益频繁，北到山东，南至福建，整个沿海皆遭受掳掠。

嘉靖年间，伴随着东南沿海地区商品经济的发展，越来越多的官员及有钱有势的豪富开始从商。当时，一些明朝的官员开始同这些倭寇有了往来。其中诸如汪直、徐海之流同倭寇串通，形成了武装劫掠的团伙。1548年，明朝派遣朱纨任浙江巡抚，并提督福建军务。朱纨上任后，对海面进行了封锁，将与倭寇串通的李光头等96人杀死。朱纨采取的海禁措施触及了与倭寇串通的官员及有钱有势之人的利益，他们煽动在朝的官员指责朱纨擅自杀戮无辜，最后朱纨被逼自尽。从那以后，朝廷不再设立巡视大臣，朝廷内外皆不敢再谈海禁一事，使倭寇的气焰变得愈加嚣张。

"封侯非我意，但愿海波平"

戚继光（1528年—1587年）是山东登州（今山东蓬莱）人，字元敬，号南塘，晚年自号孟诸。他生于将门，年少时就喜欢看书，通晓经史，成年后承袭"登州卫指挥金事"，负责在山东防御倭寇。他曾经以"封侯非我意，但愿海波平"的诗句抒发了自己铲除倭患的信心与斗志，率兵抵御倭寇、守卫国家，在中华民族抗击外部侵略的历史上抒写出灿烂的篇章。

1555年，戚继光由山东调至浙江抗击倭寇。到任后，他征募3000义乌等地的农民及矿工进行训练，称作"戚家军"。戚家军的军纪十分严明，征战时有骚扰民众行为的人，皆被当众处斩，从而赢得了民心，不管戚家军在何处作战都能得到当地百姓的大力支持，连少数民族都愿意为其效劳。戚继光很重视训练军队，特别善于培养将领，且奖罚分明，戚家军因此拥有十分强大的战斗力。此外，他还留意到倭寇的倭刀、长枪、重矢等武器的特殊之处，编制了新的阵法——鸳鸯阵，使得长兵器与短兵器能够巧妙配合，战斗力被极大地提高了。在抗击倭寇的斗争中，戚家军因多次立下卓著的功勋而威名大振。

在40余年的征战经历中，戚继光功勋卓著，可称之为一代爱国名将及民族英雄。戚继光不但战功显赫，还在军事理论上颇有成就，著有《纪效新书》和《练兵实纪》，这两部兵书深为后世兵家推崇，有"谈兵者遵用焉"之说。

蓬莱水城——戚继光训练水军、抗击倭寇的地方

明末宫廷三大案

发生在明朝末年宫廷中的梃击案、红丸案和移宫案，合称为"明末三大案"。实际上早在三大案以前的1603年，还发生了妖书案。从表面来看，这些案件皆是所谓的"国本之争"，可本质上是残酷的党争，这种党争一直到南明覆灭才宣告结束。"明末三大案"是明朝末年开始走向纷乱、衰微及灭亡的标志。

宫廷仇杀事件"梃击案"

明神宗万历皇帝在位时，因王皇后未生皇子，所以皇太后李氏、皇后王氏以及朝臣便力主将庶长子朱常洛立为太子。但由于朱常洛是神宗皇帝偶然临幸的宫女所生，而神宗皇帝想将自己最宠爱的郑贵妃的儿子福王朱常洵立为太子，双方相持不下，互不退让。原来的国本之争，后来演化为皇帝和朝臣间的势力之争。最终，朱常洛被立为太子。郑贵妃沉不住气，引发了明朝建国

[明] 黄花梨圆后背交椅

以来最严重的宫廷仇杀案——"梃击案"。

1615年春天，一个不明身份的男子手握一根枣木大棍，私自闯进太子居住的慈庆宫，企图谋害太子。当时，太监韩本用发现了此人，便高声叫喊，七八个太监一拥而上，把刺客擒拿住了。通过审问得知，此人名叫张差，本

明神宗朱翊钧像

名张五儿，到了京城之后便住在太监刘成的宅中。而太监庞保、刘成都是郑贵妃的心腹，故而此事同郑贵妃为自己的儿子争夺太子位有关联。

有的朝廷大臣猜测是郑贵妃企图加害太子，王志、何士晋、张问达等大臣上奏指责外戚郑国泰"专擅"，郑贵妃因而整日惶恐不安，常在皇帝面前哭诉自己的冤屈，明神宗让她去对太子说明心事。最终，皇帝及太子都不想再追究此事，便以疯傻奸徒罪把张差凌迟处死。没过多久，刑部、都察院、大理寺三法司先后五次会同审讯庞保、刘成二人，但因已无人证，庞、刘两名疑犯毫无顾忌，矢口否认与案件有关。后来，神宗皇帝命令太监秘密处死了庞保、刘成，于是整个案件便无法继续追查，草率地了结了。在历史上，此案被称为"梃击案"。

郑贵妃策划的梃击事件失败后，其权势大减，神宗只得将立福王为皇太子的念头打消，而太子朱常洛的地位也因此得到了巩固。

充满宫廷阴谋的"红丸案"

1620年，明神宗因病去世。太子朱常洛终于等来了出头之日，登基做了皇帝，史称"明光宗"，将年号改为"泰昌"，故而人们也习惯称他为"泰昌帝"。

登基后，压抑过久的朱常洛开始肆无忌惮地纵欲淫乐，还不到40岁的他身体却已经一日不如一日了。

即位半个月后，光宗朱常洛病情加重，便召来内官崔文升进行医治。本来崔文升应该使用培元固本的药物，他却使用了去热通利的药物，导致光宗一直腹泻，精神更加萎靡。又过了半个月，光宗吞下一颗鸿胪寺丞李可灼呈献的红色丹药之后，立刻感到滋润顺畅，原先的病症大为减轻。光宗喜出望外，连连夸赞其为"忠臣"，并又吞下了李可灼呈献的第二颗丹药。然而此次的情形却完全不同了，还不到几个小时，光宗就进入了昏迷之中，没过多久便一命归西了。

明光宗朱常洛登基一个月便病逝了，这无疑是一件大事，一时间朝廷内外众说纷纭。

［明］嵌宝石葵花形金簪

乾清宫

朝臣们想起当年的梃击案，禁不住心生疑窦：进献泻药的崔文升乃郑贵妃的手下，首辅大臣方从哲一直攀附郑贵妃，李可灼则是被方从哲推荐的，这一连串事件难道不是有目的地加害皇帝吗？所以朝臣们要求严厉处置疑犯，这就是"红丸案"。

此案争论了8年之久，最终，新即位的天启皇帝朱由校受舆论压力的逼迫，免除了没有极力劝阻李可灼献药的内阁首辅方从哲的官职，把崔文升流放到南京，把李可灼发配到边疆，这宗案件便这样草率了结了。

宫廷权力之争"移宫案"

谁知"红丸案"还没有平息，宫内又发生了一宗案件。当年，朱常洛的太子妃郭氏死后没有再册立太子妃，朱常洛做了皇帝后就将自己非常宠爱的李选侍带入乾清宫。乾清宫为内廷的正宫，只有皇帝、皇后才能在此居

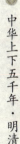

住。李选侍进入乾清宫后，拥有了照顾两名皇子的权利。然而朱常洛只做了一个月的皇帝就病逝了，死前也未将李选侍封为皇后。如此一来，李选侍就只得搬离乾清宫。

但李选侍却在乾清宫内以皇太子朱由校相要挟，命太监们手持棍棒守住宫门，不允许朝廷大臣亲近太子。李选侍企图通过这种方式获取更高的地位。经过激烈的争斗之后，杨涟等众多大臣们对李选侍愈加气愤，都上奏要求她马上搬离乾清宫。李选侍一直到朱由校即位之时依然不愿搬走，最后，东林党的杨涟、左光斗带着皇太子搬到文华殿。

此后，朝廷众多臣子齐集乾清宫门前大声呐喊，李选侍见此情形畏惧了，只好离开乾清宫，搬至鸾宫居住。鸾宫乃宫女养老之处，李选侍搬进这里，表明她在政治上再也不会有什么企图了。这便是历史上有名的"移宫案"。

上述三宗案件是明朝最高统治阶层全部矛盾的集中体现，尽管这些案件在当时好像皆有了确定的论断，但它们却成了日后朝廷中各党派斗争的借口，党争由此变得日益激烈，甚至毫不顾及国家的安危存亡。所以后世之人曾经说："明朝并非灭亡于崇祯，而是灭亡于万历。"

[明]万历窑五彩花鸟蒜头瓶

袁崇焕之死

明朝爱国将领袁崇焕在宁远及宁锦大战的胜利，使得他成为努尔哈赤及皇太极很难跨越的障碍，最后却由于崇祯皇帝中了皇太极的反间之计，而被冤枉致死。然而也有学者认为，袁崇焕擅自杀死毛文龙这件事，才是让崇祯皇帝决意处死他的真正缘由。

"功到雄奇即罪名"

生于明朝万历十二年（1584年）的袁崇焕，字元素，号自如，广东东莞人。尽管他是一个文雅柔弱的读书人，却凭着满腔热血，抱着忠诚之心，不怕奸邪，一心报效国家，全力扭转了局势。

努尔哈赤于1626年率军进攻宁远，袁崇焕当时镇守宁远城，他没有听从上级撤兵的命令，死守宁远城。努尔哈赤十几万精锐部队，硬是无法攻破1万多人

袁崇焕像

守卫的宁远城，遭受到了他征战44年来最惨重的一次失败。努尔哈赤亲自到前线督战，被明军的火炮轰伤，没过几个月就死去了。

宁远大捷是明朝在抚顺陷落之后赢得的首次大胜，明天启皇帝朱由校下诏道："此七八年来所绝无，深足为封疆吐气！"

袁崇焕在辽东整顿军备，致力武事，其手下的军队被叫作"关宁铁骑"，曾多次击败后金部队，被后金看成是最大隐患。宁远大捷后又经过一年时间，皇太极想给他的父亲努尔哈赤报仇雪恨，多次进攻袁崇焕，但每次都是以失败告终。由此袁崇焕的威名响彻辽东，令后金部队闻风丧胆。

在明朝历史中，崇祯帝朱由检是疑心最重的皇帝。皇太极见长时间攻不下京城，就利用崇祯帝多疑这一点，以反间计除掉了袁崇焕。

平日里，袁崇焕以才能谋略超人而自傲，一心想用战功报效国家，但却忽略了揣摩皇帝的心思。他不晓得皇帝其实想要的并非贤能的忠臣，而是能揣摩其心思的恭顺奸佞之臣。袁崇焕私自同后金议和，尽管是"欲藉是修故疆，持愈力"，但却触犯了皇帝的大忌。加上袁崇焕功高震主，崇祯帝于1630年以"谋叛"的罪名将袁崇焕

计杀袁崇焕

处以寸磔示众。袁崇焕死得非常悲惨，刽子手将他的肉割成一块一块的，当时那些豪饮赌博的市井小人就用银子从刽子手那里买来袁崇焕的肉，以之下酒。袁崇焕的身后之事也异常悲凉，其兄弟、妻子被流放到3000里之外，家被查封。袁崇焕没有子嗣，也没有余财，天下人都为他感到冤屈。

国失栋梁，沉冤百年

在中国历史上，袁崇焕案是影响较深远的一宗冤案。当时明朝已经处在动荡不安之中，大厦欲倾，袁崇焕的死如同又撤掉了支撑腐朽大厦的一根栋梁。崇祯帝自己毁掉国家基业，使得"自崇焕死，边事益无人，明亡征决矣"。袁案造成的另一个后果，就是使明军兵士失去了对朝廷的信赖。袁崇焕死后的第二年，投降的明朝军士为后金带去了红夷大炮。从那时起，明军在武器上就不具有优势了。袁案造成的第三个后果，就是袁崇焕死后，各路部队军心混乱。山西与陕西戍边的两路人马溃散返回家乡后，竟沦落为到处流窜的盗匪，成了明朝的又一大隐患。如此种种不利局势，最后终于将明朝送上灭亡之路。

袁崇焕"通敌卖国"的罪名被扣了100余年，直至清朝乾隆时，清人依据《清太宗实录》撰写《明史》中的《袁崇焕传》时，人们才知道是皇太极使用了反间计。含冤百年之后，袁崇焕的冤屈终于被昭雪。

在中国近代，袁崇焕极富盛名，梁启超称赞他为"千古军人之模范"，武侠小说大师金庸先生唯一一部长篇历史人物评传《袁崇焕评传》就是专门评价袁崇焕的。

李自成进北京

　　1644年，崇祯帝的劲敌、农民起义军首领李自成在西安自封为王，定国号为"大顺"，改年号为"永昌"，还将明朝封在西安的秦王府作为新顺王府，动用大批民夫重修长安城。李自成率领农民军赴汤蹈火，历经危险磨难，最终攻克北京，将明朝276年的统治彻底推翻了。

参加起义屡建战功

　　1606年，李自成生于陕西米脂县一个贫寒的农民之家。那时，明朝正处在统治末期，阶级矛盾日渐突出，无数农民过着衣食无着的困苦生活。1627年，陕北白水县农民王二带领几百个农民发动起义杀死了知县张斗耀，明朝末年的农民起义便由此开始了。李自成也杀了贪污的官吏，发动起义，在其舅舅高迎祥统领的

李自成行宫

起义军里担当"闯将"。

1636年以后，李自成当上了"闯王"。他率领起义军继续与明朝战斗，成为中国历史上一名优秀的农民革命首领。

李自成带领作战神勇的义军南伐北征，威名远播，令腐败的明朝统治阶级深感恐惧。起义军每抵达一个地方，都攻打官府、打开粮仓，将粮食、钱物分发给广大劳苦民众，深受民众的欢迎与爱戴。那时在民间流传着很多歌颂李自成的歌谣："盼闯王，迎闯王，闯王来了不纳粮。"1639年，李自成率领众兵士出商洛山作战，受到挫败，被围困在四川东部巴西鱼腹山里。之后，李自成仅率领50人骑马突出重围，闯进河南。当时正赶上河南旱情严重，饥民纷纷加入起义军的队伍，起义军很快发展到50万人以上。李自成在1641年提出了"均田免粮"这一革命纲领。"均田"是指将土地分配给农民；"免粮"是指废除封建的赋税制度，将农民从封建压榨盘剥中解救出来。

此外，李自成还非常重视起义军的自我约束能力，讲求民主与平等，一视同仁，重大的决定和策略皆与下属讨论决定。他平时生活简朴，饭食粗淡，和兵士们同甘共苦，一直保持着劳苦大众的本色。

攻入北京，功亏一篑

在百姓的拥戴下，李自成于1643年当上了"新顺王"，正式在襄阳成立了革命政权，并将襄阳改成"襄京"。次年春，李自成成立的革命政权迁至西安，改称"大顺王"，年号定为"永昌"，还公布了新历书，制造永昌钱币，抑制物价，安抚流亡者，压制地主与豪强劣绅，废掉"八股文"，挑选官员接手地方政权。此时，李自成的起义军已拥有了百万精锐之兵，开始准备对大明王朝发动总攻。

大顺政权"永昌通宝"钱

李自成的起义军一步步赢得了胜利，歼灭了大批明朝官兵，很快攻占了太原、大同、宣化等地。1644年春，起义军将明朝统治中心——北京包围了。两天后，李自成的起义军胜利挺进北京城。明朝的崇祯皇帝在煤山（今北京景山）的一株树上自缢而死。大明王朝统治中国长达276年，最终就这样被李自成统领的农民革命军推翻了。

然而，李自成的起义军进入北京城后，其内部产生了巨大变化，很多将领犯下了重大的错误。有的将领被胜利冲昏了头，无法抵挡金钱美色的腐蚀，渐渐失去了原有的革命意志。如此一来，胜利成果迅速被满清贵族与汉族地主官吏掠夺走了。曾为明朝山海关驻守将领的吴三桂在两个月后引领清军攻占了北京，李自成只好撤出北京城，继续在河南、山西、陕西周边进行抗战。次年春，李自成在湖北通山县九宫山观察地形时遭到地主武装的攻击，英勇就义，当时年仅39岁。

崇祯帝自缢煤山

崇祯皇帝朱由检从小就长在深宫里，对官场中的明争暗斗、尔虞我诈和派系纷争非常清楚，虽然他不知道如何在战场摆兵设阵，但他从登基伊始便决心做一名"中兴"的君主。丝毫没有经验的朱由检就是凭借他"中兴"的坚定信念，把大明王朝的统治又维持了17年，这也应该算是一个奇迹了。

性格多疑，自毁长城

朱由检（1611年—1644年）生在立春日，是明光宗朱常洛的第五个儿子，其母为刘氏，16岁登基后改年号为"崇祯"，是为明思宗。

崇祯帝登基后消灭了魏忠贤集团，曾在一段时期内让明朝的中兴变成了可能。崇祯帝重新任用天启朝被罢免的官吏，全方位考察官吏，禁止朋党，全力防止朝臣与宦官交往。他急于追求安定，非常想做出一番成就。但由于明末矛盾重重，累积的弊病繁多，不能在较短时期内从根本上扭转政局；再加上

［明］通关铜腰牌

朱由检自以为是，暴躁狐疑，急功近利，因而在朝政决策中多次犯下大错。由于对外廷重臣不放心，在铲除魏忠贤统领的阉党后，他又任用了另一批宦官。崇祯帝将行使监督军队及提督京城的权力赋予宦官，大量宦官被派遣到地方重要城镇，权力高于地方督抚。崇祯帝甚至派遣宦官总管户、工两部，

崇祯帝像

而把户部、工部尚书闲置在一旁，进而导致宦官权力日渐膨胀，统治阶级矛盾愈加尖锐。

由于袁崇焕功高震主，引起崇祯帝的怀疑。皇太极利用这一点，仅施了一个反间计，便轻易地让崇祯帝确信袁崇焕有勾结敌人、出卖国家的行为而将其置于死地。此后，明朝丧失了仅有的东北屏障，八旗军队因而在东北所向披靡、势不可当。

难以回天，自缢而死

李自成率领军队攻下洛阳杀死福王，攻克襄阳、夺取武昌，节节胜利，最后于1644年春天率军成功攻进京师。崇祯帝慨叹道："寡人不是亡国的君主，可是诸事都是将亡之国的迹象。"第二天夜里，崇祯帝因悲观绝望而残忍

地亲手杀死了妃嫔、公主，然后匆忙逃亡至煤山。当起义军将北京内城攻克时，崇祯帝便在寿皇庭东面的一棵歪脖树上上吊自杀了，陪他自杀的还有其随身太监王承恩。

　　崇祯帝16岁即位做了皇帝，既不过分贪恋女色、纵情享乐，也不懒散懈怠，而是尽心尽力、勤政爱民，把所有的精力都用在同明朝末年庞大腐朽的黑暗势力斗争上。17年间，崇祯帝全心全力地挽救大明政权，最后却死于社稷，用自己的生命做了大明江山的陪葬。崇祯帝关心百姓，在最后的危急时刻，要求吴三桂入京救驾时依然不忘嘱咐他宁可舍弃土地，勿舍弃人民。崇祯帝的遗书里写道"勿伤朕百姓一人"，从中可见他对人民的感情之深。对于一个末代君主来讲，能做到这些是非常可贵的。

明思宗殉国处

郑成功收复台湾

1642年，荷兰军队在台湾北部打败西班牙殖民军，侵占了整个台湾。荷兰侵略军霸占台湾之后，实行残酷的殖民统治，引起了台湾人民的愤怒。历经多年奋战，郑成功最终将台湾收回，结束了荷兰入侵者对台湾的殖民统治，保卫了中国的领土完整，为中华民族反抗殖民者立下了辉煌的功绩。

一隅抗志，收复台湾

台湾是中国最大的岛屿，物产丰富，土壤肥沃。从古至今，勤劳的中国人民便一直在岛上生活。荷兰殖民主义者于1624年侵略台湾，对岛上居民进行了残酷的掳掠及残暴的殖民统治，激起中国人民强烈愤慨。郑成功便是在此情形下将台湾收回的。

郑成功于1661年春天亲率2万多名将士，共乘350余艘战船从金门出兵攻进澎湖。数日后，郑成功的军队在台南的鹿耳门上岸。鹿耳门的地势非常险要，其周围是几十里的浅滩。荷兰殖民者在此地海岸设立了很多炮台。郑成功不顾险恶的地形及敌军周密的防御，亲自率领船队进发，最后攻占了鹿耳门。

在距离赤嵌城以北大概5千米处，郑成功的军队火速上岸。在台湾民众的全力支持下，军队的士气愈加振奋。荷兰海军司令官彼特尔凭借精良的火器顽固抵抗，企图阻挡中国军队登陆。郑成功的军队不顾敌军的炮火奋勇向前，将荷兰殖民者打得丢盔弃甲，落荒而逃。此后，郑成功又接连击败荷兰海军的几次反攻，在成功收复赤嵌城后，便很快掌控了整个台湾，荷兰殖民者只得后退至热兰遮城防守。

郑成功收复台湾

在台湾民众的紧密配合下，郑成功统领勇猛的水军与荷兰侵略者进行了激烈的海战。在此次海战中，荷兰侵略者遭受到前所未有的猛烈攻击。无奈之下，荷兰殖民者只得于1662年初签下了投降书。荷兰驻守在台湾的总督卞科业特及其残部窘迫地从台湾撤离了。被荷兰殖民者强行霸占了长达38年的台湾，终于回归到了祖国的怀抱。

海外孤忠，永垂史册

郑成功告慰山河，颁布屯垦之令，在台湾建立"东宁王国"，范围包括如今台湾南部及东部一部分土地，并设立"承天府"，将台南改成"东都"，以表示等候明朝永历皇帝东来的意思。郑成功还努力争取明朝遗臣继续坚持抗击清朝。1662年春天，桂王朱由榔在缅甸死去。尽管当时还有其他明朝宗室尚在台湾，但郑成功已决意不再拥护新君，而自称台湾之主，建立了首个汉人掌握的政权。但由于热带地区卫生状况差，郑成功不幸染上疫病，一个月后便去世了，时年39岁。郑成功原被葬在台南洲仔尾，1699年迁葬于南安祖墓，康熙曾为之题写挽联："四镇多贰心，两岛屯师，敢向东南争半壁；诸王无寸土，一隅抗志，方知海外有孤忠。"

郑成功的子孙统辖台湾20余年，采用明朝中央政权的制度，尽管对内依然将已逝的明永历帝奉为正朔，却不归属中国大陆清朝的顺治、康熙各朝，对外自称为"东宁王国"。1683年，清兵进驻台湾，并在那里设置了"台湾府"，强化了台湾的边境防务。

台湾自古以来便是中国的领土。郑成功收回台湾的壮举必定会永载青史。同时，身为民族英雄，他也会被人们永久地铭记于心。

［明末］紫金釉地白花双龙盘

明朝的雅俗文学与科技文化

明代名流

在明代无论是文学还是科技，都上升到了一个新的高度，也为后世留下许多不朽著作，而这些著作的作者也流芳百世。在文学上有我们熟知的罗贯中、施耐庵、吴承恩等；哲学上有心学大师王守仁、李贽等；科学技术上有宋应星、李时珍、徐霞客等。这些人为明代的文学、哲学及科学技术发展做出了极大的贡献。

四大名著独占三

罗贯中（约1330年—1400年），祖籍太原，出生在杭州，原名罗本，字贯中，号湖海散人，元末明初知名的小说家、戏曲家。

罗贯中从历史资料及民间传说故事中获得素材，将魏、蜀、吴三国的兴亡史写成了中国古代首部长篇历史章回小说《三国演义》，描述了3世纪时以曹操、刘备、孙权为首的魏、蜀、吴三个政治、军事集团间的冲突与战争，刻画了一群深受人们喜爱的经典人物形象。这部小说在辽阔的社会历史背景下，为我们展现出当时社会激烈、复杂且十分独特的政治军事矛盾，在政治、军事计谋和策略上，对后世的影响非常大，罗贯中也因此被冠以"中国章回小说的鼻祖"的盛誉。罗贯中将章回体小说这种文学形式推向成熟的阶段，其卓越的文学成就是中国文学乃至世界文学宝库中的宝贵财富。在外国,罗贯中的《三国演义》被赞为"一部真正具有丰富人民性的杰作",而罗贯中本人则被《大英百科全书》誉为"第一位知名的艺术大师"。

施耐庵(1296年—约1370年),元末明初人,名子安(一说名"耳"),又名肇瑞,字彦端,耐庵是其号,著有《水浒传》。

施耐庵生活在社会动荡时期,居住在农民起义最频繁的江浙区域。他通过文学形式来赞颂农民战争,具体形象地进行整体的艺术重现。《水浒传》通过高超的艺术描摹手法,展现了中国封建社会的农民起义从爆发到发展、再到失败的这一复杂过程,深入揭示了封建社会的昏暗、腐败,以及统治集团的罪孽与恶行,真实地体现了历史的基本特质,表明了"官逼民反"才是引发农民起义的根本缘由。《水浒传》展现了梁山好汉声势浩大的起义,狠狠地打击了封建地主阶级的统治,在文学史上是极为少见的。

年画《三顾茅庐》

《水浒传》对后世文学创作产生了很大的影响：它开创了长篇英雄传奇的先例，也为戏曲创作提供了第一手的素材。至于和《水浒传》有关的各种民间文艺、说唱、评书，则更是数不胜数。这些影响恰恰体现了《水浒传》的艺术价值及其蓬勃的生命力。

吴承恩（约1504年—1582年）是明朝优秀的小说家，字汝忠，自号射阳山人，我国四大名著之一、著名的神话小说《西游记》便是他所写的。

《西游记》讲述了唐朝法师去西天求取真经的故事，体现了惩治邪恶、弘扬美善的传统主题，开创了神魔长篇章回小说一种崭新的类别。书中把善意的讥嘲、尖刻的讽刺和严厉的批驳完美地融合在一起，对讽刺小说的发展产生了直接的影响。

《西游记》堪称中国古代长篇小说浪漫主义的巅峰，在世界文学史上也是浪漫主义的优秀作品，从19世纪以来，便已经被译成日、英、法、德、俄等10多种语言文字，广为流传。吴承恩在文学方面有着众多成就。除《西游记》外，他还创作了很多风格清新俊逸的诗歌，皆收录于《射阳先生存稿》里。尽管吴承恩一生都没有显赫的官职，可他本人及其所著的《西游记》在中国文学史上却拥有着辉煌而崇高的地位。

"江南第一才子"唐伯虎

自称为"江南第一风流才子"的唐伯虎（1470年—1523年）是吴县（今江苏苏州）人，为我国明朝著名画

家、文学家，名寅，字子
畏、伯虎，六如居士、桃
花庵主是其号。

　　唐伯虎精通诗文，
擅长书画，通晓音律，喜
好四处游玩，被称为"唐
解元"。在绘画上，他和
沈周、文徵明、仇英被合
称为"明四家"。唐伯虎
擅长画山水、人物及花
鸟，代表作有《山路松风
图》《春山伴侣图》《王
蜀宫妓图》《枯槎鸲鹆
图》等。在诗词曲赋上，
他又和文徵明、祝枝山、
徐祯卿被合称为"江南四
大才子"，也叫"吴门四
才子"，其中唐伯虎位列

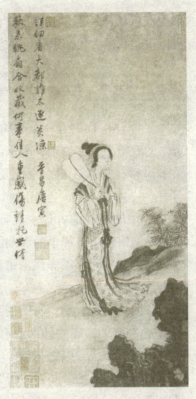

[明]唐寅《秋风纨扇图》

第一。万历时，常熟书商何君立因敬慕唐伯虎的诗文及人
品，以重金求得其散失的诗文，并为其搜集整理。何君立
把唐伯虎在世时散失的近百首（篇）诗文核对审阅后印
刷，唐伯虎的首部较为完备的诗文集才得以流传于世，并
风行一时。唐伯虎风流倜傥、放荡不羁，刻有"江南第一
风流才子"之印，其所作仕女图堪称绝美，因此受到后世
之人的误解，流传下来很多关于他的风流韵事，比如"唐

伯虎三点秋香"等。实际上唐伯虎命运坎坷，生活贫苦，可以说是我国古代知识分子壮志难酬、报国无门的代表。

"阳明心学"

王守仁（1472年—1529年），明朝优秀的哲学家和著名的政治家，字安伯，号阳明。1505年，王守仁开始向弟子讲学，先后在稽山书院及龙泉寺中天阁等地讲学、著书。

王守仁是我国古代主观唯心主义的集大成者，他的学说受南宋陆学及禅学的深刻影响，可是要比陆学更为细致、完善和广泛。王守仁主张"心外无物，心外无理"，提出身体的主宰就是"心"，"心"的本体就是"理"，"心"的外面没有理；心所生发的就是"意"，意所存在的就是"物"，心的外面没有物。王守仁进一步发展了陆九渊的学说，并以之与程朱学派相抗衡。程朱理学提倡"知先行后"，把"知""行"分成两段，认为必须首先懂得"知"，之后方可实施"行"。为了纠正这种学说的偏颇，王守仁提出了"知行合一说"，主张"知行合一"，加深了道德意识的主动性与实践性的关系，避免了"知先行后"的弊端，然而也抹煞了"知先行后"中的知识论部分。尽管王守仁的主张对道德修养有利，可是却忽视了对客观知识的了解，这便造成日后的王学弟子随性辍学的弊端，清朝初期的思想家甚至将明朝灭亡的原因归咎于王学之弊。

李时珍（1518年—1593年），湖北蕲州（今湖北蕲春）人，字东璧，号濒湖。他的家族历来以行医为生，其祖父、父亲都是医生。

通过长时间的钻研与艰辛的考察，李时珍在1578年将《本草纲目》创作完毕。《本草纲目》整部书大约190万字，52卷，记载了1892种（其中有在先人的基础上新增加的374种）药物，其中植物有1000多种；收录了

《本草纲目》内页

包括古代药学家及民间单方在内的1万多个药方；在书的前面还配有1000余幅药物形态图。此外，李时珍不但妥善处理了药物的检索等难题，还提出了他在植物分类学上的新观点，以及宝贵的生物进化发展思想。《本草纲目》是我国最系统、最完备、最科学的一部药物学专著，不但促进了我国药物学的进步，还对世界医药学、植物学、动物学、矿物学及化学的进步带来深刻而长远的影响，被赞为"东方医药巨典"。

《本草纲目》面世之后，迅速流传至日本，之后又传至欧美多个国家，被翻译成日、法、德、英等十多种文字

在海外发行，惠及五大洲。英国知名的生物学家达尔文将它称作"中国古代的百科全书"。李时珍也因而被尊奉为"药圣"，成为举世公认的优秀的自然科学家。

宋应星呕心著百科

明末清初优秀的科学家宋应星（1587年—1661年），字长庚，江西奉新县宋埠镇牌楼村人。1634年，宋应星在担任江西分宜县教谕（即县学的教官）时开始从事写作。他依据讲求实际的宗旨，将其长时间累积的生产技术等方面的知识进行归结整理，编写了《天工开物》这部关于农业和手工业生产的综合性著作。伴随着《天工开物》的传播，他也闻名于世。

《天工开物》按照"贵五谷而贱金玉之义"共分成18卷，细致地记述了每种农作物及工业原料的类别、产地、生产技术、工艺设备以及一部分生产经验，既有大量准确的数据，又配有123幅插图，系统地归纳了中国古代的多项技术，使之形成完备的科学技术体系。

宋应星终生追求真才实学，反对士大夫看不起劳动生产的行为。他所著的《天工开物》是世界上首部关于农业、手工业生产与科学技术的百科全书，体现了明朝时期中国古代科技的巅峰成就，宋应星因而被英国科学技术史专家李约瑟誉为"中国的狄德罗"。

《天工开物》一书约于17世纪流传至日本，后来又被翻译成法文等多种语言，在欧洲大范围地流传，对欧洲的社会生产及科学技术的进步产生了巨大的影响。

清朝

末世封建王朝的兴衰史（1616年—1911年）

努尔哈赤建后金

清朝是中国历史上的最后一个封建王朝。从16世纪80年代起，女真族的杰出领袖努尔哈赤用30多年的时间大体统一了女真各部，建立了"大金"汗国，即清朝的前身后金。清朝的八旗制度和女真文字都是在努尔哈赤统治时期创制的。

不屈奋起，统一女真各部

明朝后期，朝廷吏治腐败，军备松弛，而北方地区的建州女真则不断发展壮大起来。建州女真属于女真族的一个分支，其首领是爱新觉罗·努尔哈赤。

努尔哈赤（1559年—1626年），历史上著名的政治家、军事家，八旗制度的创建者。他出生于建州女真贵族家庭，祖父觉昌安和父亲塔克世都是明朝官员。明军进攻古勒寨

清太祖努尔哈赤像

时，在混战中误杀了觉昌安和塔克世父子。努尔哈赤怒火中烧，决心为父报仇雪恨，除掉了明朝建州左卫图伦城主尼堪外兰。

其后，努尔哈赤实力大增，没用多长时间就把建州五部收归名下，并控制了鸭绿江地区。其他部族见努尔哈赤异军突起，深感不安，均想伺机灭掉努尔哈赤。1593年，叶赫部集结扈伦四部、蒙古三部、长白二部，以3万兵力合攻努尔哈赤。努尔哈赤获悉，在联军必经之地提前埋伏精兵，并设下机关陷阱，然后静待敌军的到来。

［清］八旗兵盔甲

联军抵达古勒山下时，努尔哈赤已备战多时。联军以骑兵担当前锋，气势汹汹地冲向努尔哈赤阵营。努尔哈赤下令从山上放下滚木石块，叶赫部的一名首领躲避不及掉落马下被斩。联军一时群龙无首，气势锐减，很快就被打得四散而逃。努尔哈赤紧追不舍，一举消灭各部联军。从1583年至1619年，努尔哈赤用了30多年大体上统一了女真各部。

建元称汗，开始伐明大业

在统一女真的过程中，为了方便管理，努尔哈赤把女真人划分为八大部分，统称为"八旗"。八旗子弟平时在家种地狩猎，一旦战事需要就上阵杀敌。这样做，既不耽误日常生产，又保障了战时用兵。同时，为了迷惑明朝统治者，努尔哈赤依然对明朝政府俯首称臣。明王朝觉得努尔哈赤忠心耿耿，便册封他为"龙虎将军"。后来，努尔哈赤几次以拜谒明君的名义进京，借机打探明朝内部情况。1616年，努尔哈赤在八旗贵族的拥戴下自立为汗，在中国东北地区建立了"大金国"。为了有别于之前的金政权，历史上把努尔哈赤建立的政权称为"后金"。

建立政权后，努尔哈赤励精图治，举贤用能，很快便网罗了一批骁勇无比的猛将和足智多谋的人才。这些骁将、谋士尽心竭力地辅佐努尔哈赤，使后金在与大明王朝的对抗过程中逐渐强大起来。努尔哈赤积累了大量的财富和兵力后，于1618年领兵南下，开始向明朝发起大规模的进攻。从此，努尔哈赤踏上了夺取天下的征程。

满族骑兵

皇太极建清

后金发展到皇太极这一代，已经掌控了关外的大部分地区。作为"上承太祖开国之绪业，下启清代一统之宏图"的创业之君，皇太极以建立大清政权、做中原人的统治者为目标，开始向世人展现自己的雄才大略和政治抱负。

文武双全，崭露头角

皇太极（1592年—1643年），清太祖努尔哈赤的第八个儿子，清朝建立者，出身正白旗，是满清杰出的政治家、军事家、战略家和统帅，史称"清太宗"。皇太极生于1592年，因其出生时面色绯红、长相俊秀，长大后聪明

清太宗昭陵

伶俐、博闻强识，而备受努尔哈赤的宠爱。皇太极少年时期即表现出极高的理家置业能力。当时，皇太极的父亲和兄长长年在外南征北战，年仅7岁的皇太极自己在家独撑大局，不但把家里的钱物管理得井井有条，而且还能把家里的大事小情处理得稳妥恰当，甚合努尔哈赤心意。

满族是一个崇尚武力的民族，皇太极继承了女真人崇武善战的血统，再加上他勤奋好学，练得一身好武艺，无论步射还是骑射，均能达到箭无虚发的程度。后来，皇太极在随父征战的过程中大显身手，不但协助父亲努尔哈赤建立了后金政权，还粉碎了兄长褚英寻机造反的阴谋，从此更加受到努尔哈赤的青睐。皇太极在多次军事作战中积极出谋划策，为稳固后金政权立下了赫赫战功，因此被封为"四大贝勒"之一，得到"共议国政，各置官属"的特权。

"南面独坐"，完善体制

1626年秋，努尔哈赤病逝。几天后，皇太极继承汗位，接管后金政权。登基后的皇太极踌躇满志，雄心勃勃，立志在父亲创业的基础上大展鸿图，开创金国的全新局面。

当时，后金国内的贵族开始争权夺利，内部矛盾日益尖锐。皇太极虽然名义上是可汗，但按照女真族的旧制规定，皇太极必须与代善、阿敏、莽古尔泰三大贝勒轮流执政，权力受到来自国内各方势力的制约。面对此种情况，皇太极开始采取分而化之的策略，进而加强中央集权、提高汗权，实现"南面独坐"。

随后，皇太极开始积极构建国家机构。他先是设立"文馆"，为日后推行汉化做准备；然后分别设立了负责处理国家行政事务的吏、户、礼、兵、刑、工六部；之后又把"文馆"扩建为内国史院、内秘书院和内弘文院三院；最后，皇太极单独设立都察院，并将"蒙古衙门"改为"理藩院"。通过这一系列措施，皇太极加强了后金的中央集权统治。

这时的后金人口囊括满、蒙、汉三大民族，与明朝分庭抗礼，已经成为一个势力强大的塞外大国。1636年，皇太极自立为帝，是为清太宗，将国号改为"清"，改年号为"崇德"，将族名改为"满洲"。这一做法充分显示出皇太极意欲统一天下、称霸中原的胆识和气魄。

皇太极继承和发展了努尔哈赤的伟大事业，对内加强封建君主专制，发展八旗制度，积极推行汉化政策；对外与蒙古建立联盟，打击没落的明王朝，逐渐统一了东北全境。这位具有远见卓识的帝王缔造了中国封建社会的最后一个王朝，为大清政权登上中原政治舞台打下了坚实的基础，开创了一个崭新的时代。

[清]皇太极用过的腰刀

多尔衮定鼎北京

　　1644年，以李自成为首的农民军被迫退出北京，清朝的摄政王多尔衮统率清军占据北京城。当时，颇有远见卓识的多尔衮力排众议，毅然决定移都北京。同年秋，顺治帝在太和门昭告天下，"定鼎燕京"。至此，清朝的统治中心从关外迁至关内，清朝在统一全国的道路上又向前迈进了一大步。

代天摄政，大权独揽

多尔衮率清军入关

　　多尔衮是努尔哈赤的第十四个儿子，与皇太极是同父异母的兄弟。年幼时就被封为"贝勒"，统领正白旗。多尔衮17岁时随皇太极出征，取得敖木轮大捷，因战功受封"墨尔根戴青"，成为后金军队的主要统帅之一。

　　多尔衮聪慧过人、骁勇善战，因多次在重大战争中立功而深得皇太极器重，屡屡被委以重任。1636年，皇太极称帝，封多尔衮为"和硕睿亲王"，其地位高居各王之上。

1643年，皇太极驾崩。当时，太宗长子肃亲王豪格与睿亲王多尔衮已经形成了旗鼓相当的两大夺位势力，双方斗争态势愈演愈烈。在多尔衮的支持下，清太宗的第九子、年仅6岁的福临继承帝位，由多尔衮与郑亲王济尔哈朗共同辅政，多尔衮的政治地位得到了很大的提升。这一切为日后清军大举入关、统一中原打下了良好的基础。

福临登基后，尊封多尔衮为"皇父摄政王"。多尔衮便充分利用自己手中的职权，积极参与大小国事的决断，并在很短时间内加强了中央集权统治。多尔衮先是收回议政王大臣的议政权力，然后撤掉诸王管理部，将所有事务归由尚书掌管，并规定尚书直接对摄政王负责。这些举措的实施，在很大程度上削弱了诸王参政的权力，多尔衮逐步为自己独揽大权铺平了道路，成了大清王朝的实际统治者。

独具慧眼，定鼎北京

最初，多尔衮提出攻占北京、进而统一全国的设想时，朝中百官没有几个人支持他的提议。1644年春，李自成的农民军攻陷北京。当崇祯自杀的消息传到大清国时，多尔衮敏锐地意识到这是举兵入关、定鼎中原的大好时机。于是，多尔衮力排众议，果断地采纳范文程的建议，以"严明军纪，秋毫无犯"的军令要求清军沿途不扰民业，以收揽民心。多尔衮在数日之内集齐兵马，浩浩荡荡地向北京进发。当多尔衮得到明朝已经灭亡的准确消息后，下令全军加速前进，同时打出"复仇灭贼""仁义之师"的旗号，明确表明清军此次出兵的目的是夺取整个中原。

多尔衮这一高瞻远瞩的决策使清军掌握了主动权。1644年春天，清军进入北京。经朝阳门入主紫禁城后，接受百官朝贺，并正式宣布定都北京。不久，多尔衮下令以国礼厚葬崇祯，军民服丧3日。紧接着，多尔衮迎顺治帝福临入京，同时诏令辽沈满洲民众随行入关，充实京户。同年秋，顺治登临太和殿，在北京重行加冕大礼，并颁布大清律，大赦天下。至此，大清王朝正式开始了在中原地区的统治。

多尔衮深谋远虑，凭借非凡的军事、政治才能，毅然决定定都北京，开启了清朝在中国长达270年的漫长统治。多尔衮作为入关以后大清王朝的实际创立者，其卓越的功勋将永载史册。

沈阳故宫大政殿

"清代国母"孝庄太后

清太宗孝庄文皇后是一位富有传奇色彩的女性。她一生经历清初三朝，凭借自己的聪明才智斡旋于皇亲国戚与朝廷重臣之间，多次拯救大清王朝于危难之中。从清王朝的创立之初直到康熙当政这一时期，孝庄发挥了举足轻重的作用，因而后世将其尊为"清代国母"。

机敏善谋，初平清朝政局

孝庄（1613年—1687年）是清太宗皇太极的妃子，本姓博尔济吉特氏，蒙古名为布木布泰，是蒙古科尔沁贝勒宰桑的女儿，顺治的生母，康熙的祖母。1625年，13岁的孝庄嫁给皇太极为侧福晋。在她之前，姑母先嫁给皇太极，后成为皇后。9年后，她的姐姐海兰珠也嫁给皇太极，姑侄三人同侍一帝。1636年，皇太极改国号为"清"，孝庄被赐予"永福宫庄妃"封号，后辅佐皇太极理政，深得宠信。1638

孝庄太后像

年，孝庄为皇太极生下一子，取名"福临"，为皇太极第九子。

1643年，皇太极突然驾崩，皇室内部展开了激烈的夺权大战。危急时刻，孝庄以其特殊的身份和过人的才智，极力周旋于双方的关键人物——多尔衮和代善之间，并将自己的儿子福临推上帝位，以平衡各方关系。福临即后来的顺治帝。没过多久，顺治在皇叔多尔衮的辅佐下顺利入主北京，孝庄被尊为"皇太后"。

孝庄在抚育和调教顺治时，表现出了高超的教育才能。她时时刻刻以明君英主的标准，教导和要求顺治要近贤能、远小人、节俭朴实、赏罚分明。对于少年天子的年少气盛，孝庄总是能以大局为重，恰当稳妥地处理母子关系。

孝庄虽然深居宫闱，但能够体恤民间疾苦。她在宫中带头倡导节俭，节约后宫开支以抚恤百姓、赈济灾民。这一做法既安定了社会局面，缓和了阶级矛盾，也为后来的康、雍两朝开创了清廉之风。

辅佐康熙，开创大清盛世

顺治帝驾崩后，8岁的康熙登基。康熙名爱新觉罗·玄烨，幼年生活在孝庄身边。孝庄对康熙的培养同样尽心竭力，在康熙身上倾注了无数心血。可以说，康熙后来能成为一代明君英主，与其早年接受孝庄的教诲有很大关系。

孝庄竭力辅弼幼主康熙，而且能够在参政、议政的尺度上把握得恰到好处，使过渡时期的政权避过重重险境，最终迎来流芳千古的盛世辉煌。康熙即位时虽有4位大臣辅佐朝政，但在处理重大事务时常常是先征求祖母的意见，然后才作出决定。在军国大事的处理上，孝庄也表现出了高瞻远瞩的政治家风范。1673年，孝庄用自己积攒的钱粮慰劳奖赏平定吴三桂叛乱的将士们。可以说，假如没有孝庄，历史上或许不一定会出现康乾盛世。

康熙是孝庄亲手培养辅佐起来的，他对孝庄的感情非常深厚。康熙每天都坚持给孝庄请安，而且一有闲暇就陪孝庄出游散心。《康熙起居注》中也记载说，孝庄临终前的一段时间，康熙守在孝庄的病床前尽心侍奉，直到1687年冬孝庄病逝。康熙的仁孝之举世上罕见，但也从侧面反映出孝庄生前对康熙的帮助教诲之深。

孝庄一生辅佐皇太极、顺治、康熙三帝，为大清王朝的兴盛毫无保留地奉献了毕生的心血。她以过人的才智调和了清室内部的重重矛盾，为稳定清朝初期的社会秩序打下了良好的基础，更为促进国家统一繁荣做出了巨大贡献。

[清]铜镀金点翠竹叶纹指甲套

多情天子顺治帝

皇太极去世后，顺治登基。顺治是清朝入主中原后的第一位皇帝。顺治在位期间政绩颇多，但为人处事时也有不完善、不成熟的一面。他年轻气盛，任性固执，在遭受痛失幼子爱妃、出家未能如愿的一连串打击后，顺治身心俱疲，最终因身染天花而英年早逝。

少年天子亲政，清明之举颇多

爱新觉罗·福临（1638年—1661年）是皇太极与庄妃之子，排行第九，1643年继承皇位，年号"顺治"，史称"顺治帝"，在位18载，庙号"世祖"。

1644年，顺治随母入京，在太和殿举行登基大典，正式成为清朝入关后的第一位皇帝。顺治从即位到亲政的

[清]清世祖亲政诏书

7年间，由其叔父多尔衮摄政。多尔衮死后，顺治开始独立掌管国事。顺治帝早已对多尔衮的飞扬跋扈、独断专行不满，对于其死后的待遇问题，采取了削其封号、罢其爵位、毁其庙号、抄其家财的惩罚措施。顺治天生聪颖，勤奋好学。为了能处理好军国大事，他废寝忘食，刻苦学习汉文化知识，不断提高自己治国平天下的能力。

　　顺治具有开阔的眼界。在文化方面，他吸取汉文化的精华，敢于冲破祖制，提拔重用汉人；在军事方面，他面对国内战乱蜂起的局势，果断采取重抚轻剿的政策稳定时局；在政治方面，他吸取明朝灭亡的教训，警惕朋党祸患，整饬官场作风，取消诸王贝勒参政的权力，在很大程度上加强了皇权，并建立起一个比较廉洁高效的中央政府；在经济方面，他下令停止八旗圈地，积极安顿流民，鼓励生产开荒，实行与民休息的政策，使得当时的社会矛盾和民族矛盾都有所缓和。此外，顺治还下令免除此前各地向朝廷进献土特产品的惯例，甚至废掉明朝以来对百姓的各项苛捐杂税，以利于促进生产发展。

爱情缠绵悱恻，离位扑朔迷离

　　顺治一生有两后、十五妃，但他的婚姻生活却很不幸。《清史稿·后妃传》中记载，顺治的两位皇后中一位是多尔衮做主包办的，一位是太后授意为其联姻的，而这两个皇后顺治都不喜欢。直到董鄂妃的出现，才让顺治的内心恢复生机，并从此深陷情网难以自拔。对于这位红颜知己，顺治倾注了全部的爱心与柔情，以致后来董鄂妃的突然离世给他带来了致命的打击。

　　1658年，顺治与董鄂妃所生的皇子不幸夭折。两年半后，董鄂妃突然病死。这一连串的噩耗给顺治带来难以承受的痛苦。这种身心俱焚的煎熬让顺治产生了皈依佛门、削发为僧的念头。后来，由于孝庄及臣子幕僚的极力劝阻，顺治才打消了出家的念头。但顺治从此彻底心灰意懒，不再是从前那位胸怀壮志、意气风发的帝王了。1661年，董鄂妃死后刚满百天，年轻的顺治因感染天花无药可救，在养心殿驾崩。

　　顺治在治理国家的过程中，充分展现了一代明君的宽阔胸襟。作为一个年轻天子，顺治能够诚心求教、广纳建议。他不但鼓励大臣直言上谏，而且还能对其中比较尖锐的意见虚心接受。这样广博的胸怀在历代帝王中是比较少见的，也为后代子孙做出了榜样，堪称清朝帝王中的典范。

［清］顺治皇帝款宴五世达赖喇嘛图

少年康熙智擒鳌拜

顺治死后，接下来继承清室大业的是康熙。康熙8岁登基，由鳌拜等四位大臣联合辅佐。当时，朝臣结党营私，威胁到了本应至高无上的皇权。后来，少年康熙在孝庄的支持下韬光养晦，精心安排，一举铲除了鳌拜的势力集团，夺回朝政大权。

独断专行，蔑视少年天子

鳌拜是康熙初年的四大辅臣之一，满洲镶黄旗人，生年不详，卒于1669年。其父辈是替努尔哈赤打江山的开国功臣，鳌拜本人也在追随皇太极东征西战的年代里立下过

康熙通宝

不朽功勋。

顺治死时康熙年仅8岁。那时，清朝建立没多久，仍处于求稳图固的过渡阶段。按照先帝顺治留下的遗诏，年幼的康熙应该由钦定的四位大臣来辅佐朝政。在这四位大臣中，鳌拜野心勃勃，他横行朝野，目无天子，经常肆意打压陷害朝中元老。

康熙帝写字像

1667年，首席辅政大臣索尼去世后，14岁的康熙正式临政。鳌拜奏请杀掉政敌、另一辅政大臣苏克萨哈，康熙不准，他竟公然在朝堂上与皇帝强辩，声色俱厉，坚持要求抄灭苏克萨哈全族。康熙既怒又惧，但考虑到以自己的实力还无法抗衡鳌拜，如果继续这样僵持下去可能会引起朝政动荡，只得忍气吞声，违心地批准了鳌拜的弹劾奏章。一代忠臣苏克萨哈最后竟遭诛门灭族的惨祸。

韬光养晦，设计铲除鳌拜

除掉苏克萨哈之后，鳌拜更加为所欲为，不但对国家政务事事插手，而且敢于公然忤逆康熙的旨意，气焰十分嚣张。康熙清醒地认识到，如果再不除去鳌拜，定会养虎为患。机敏的少年皇帝审时度势，在祖母孝庄的支持和帮助下，收敛锋芒，表面上与鳌拜和平相处，暗中则发奋学习治世之道，等待机会一举铲除鳌拜。

由于鳌拜的耳目众多，所以康熙决定用计捉拿鳌拜。康熙精心挑选了一批年轻力壮的贵族子弟，每天与他们在花园里练习摔跤擒拿。而鳌拜并没有把此事放在心上。直到有一天，康熙传旨召见鳌拜单独进宫商议"大事"。鳌拜像往常一样大摇大摆地进了内宫，刚穿过内宫宫门，那些平时训练有素的少年一拥而上，将鳌拜死死按住，瞬间将其彻底制伏。

康熙立刻将鳌拜投入大牢，然后着手查清其罪行。在如何处置鳌拜的问题上，康熙考虑得非常周全。虽然当时有很多大臣都认为鳌拜罪大恶极，应当处死，但康熙念及鳌拜早年屡立战功，决定免其死罪，定为没收籍贯、终身监禁。同时，康熙还为苏克萨哈平冤昭雪，恢复了他的爵位。康熙刚柔并济的行为，使朝中大臣心服口服，清朝政局从此稳定下来。此后，康熙亲政的道路顺畅了许多。

康熙帝智擒鳌拜

康熙治国

康熙在位期间，在反对分裂、维护国家统一、加强中央对边疆地区的控制方面做出了很大的贡献。平定三藩之乱、三征噶尔丹、抵抗沙俄侵略，充分展现了康熙的治国才能，维护了边疆的安定、国家的统一，奠定了"康乾盛世"的基础。

三藩之乱

清初，由于清政府初入关内，兵力不足，便分别封前明将领吴三桂为平西王、尚可喜为平南王、耿精忠为靖南王，合称"三藩"。清政府设置三藩的初衷是想利用明朝的降将来镇守南方的大部分地区。起初，这三位藩王为清朝的统一大业尽心竭力，与南方的明代残余势力斗争了20年，才彻底瓦解了没落的南明政权。此时，藩王的军队已经成了清政府除八旗子弟兵以外的重要军事力量。这三位藩王在各自封地内有权操控军队、税收和贡赋，权力超过了当地的朝廷命官。由于三位藩王的势力不断膨胀，对清朝的统治构成了威胁。于是，康熙下旨宣布撤除三藩，并派遣官吏前往云南、广州和福建处理藩王机构迁移等事，引起了波及10多个省份的"三藩之乱"。经过8年的征战，清政府终于平定了三藩之乱，把"三藩"残兵编入八旗，并加强对各地汉族军阀的监管力度，巩固了中央集权的专

清圣祖朱批谕旨

制统治，稳定了边疆的发展，开启了"康乾盛世"。

雅克萨之战

　　1632年，沙俄扩张到西伯利亚东部，经常派遣军队侵入我国黑龙江流域，攻城掠地，烧杀抢夺，无恶不作，激起了当地人们和清政府的奋起反抗。康熙认识到，如不"创以兵威，则罔知惩畏"，于是决定以武力抗击侵略。康熙帝曾亲自来到盛京（今辽宁沈阳）进行战前部署。之后，康熙帝勒令雅克萨的俄军头目尽早退出。沙俄侵略者不但不退，反而调来大量增援人员。1685年，康熙帝组织了一支包括陆军、水军在内的1.5万大军，以彭春为都统，围攻雅克萨城。此时的沙俄陷于西欧和西亚的权益争夺中，沙俄侵略我国有心无力，只好选择与

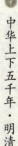

康熙帝大阅盔甲

清朝政府和平谈判。1689年夏，双方在尼布楚谈判了14天，中俄终于正式签署《尼布楚条约》。

雅克萨之战是一场正义的战争，中国军民战胜了沙俄侵略者，粉碎了他们占领我国黑龙江流域的野心，并把盘踞此地几十年的侵略者赶了出去，使中国东北在相当长一段的时间里获得了安宁。

三征噶尔丹

沙俄与清政府签订《尼布楚条约》后仅一年，就背信弃义，怂恿准噶尔部（蒙古族的一支）首领噶尔丹攻打漠北蒙古。此时的噶尔丹势力逐步强大，他夺取准噶尔部政权后，便开始四处征战。康熙责令噶尔丹归还占领漠北蒙古的土地。但噶尔丹恃才狂傲，再加上有沙俄政府的支持，不仅不退兵，还以追击漠北蒙古的名义进攻漠南，严重地威胁到边境的稳定和国家的统一。康熙从1690年到1697年三征噶尔丹，最终平定了噶尔丹的叛乱。噶尔丹死后，清政府再次控制了位于阿尔泰山东部的漠北蒙古。康熙封赏当地的蒙古贵族，并在乌里雅苏台设立将军，对漠北蒙古进行有效的管辖。1720年，康熙派军队出征西藏，帮助西藏人民驱赶占领此地的准噶尔部首领策妄阿拉布坦。1727年，雍正设驻藏大臣，代表中央政府会同达赖、班禅管理西藏地方事务。清政府统一了漠北，巩固了西北边境，进而维护了领土的完整。在平定叛乱中，康熙帝御驾亲征，其军事才华得以充分体现。

雍正整顿吏治

　　康熙虽然开启了康乾盛世，但在其统治末年，吏治废弛，国库空虚。雍正雄才大略，目光远大，又勤勤恳恳，逐步实施了许多改革措施，使社会状况大有改善。乾隆就是以此为基础，才使"康乾盛世"达到鼎盛。

国库空虚，清查亏空

　　康熙在位期间，虽然使国家欣欣向荣，但也遗留了不少问题，主要表现在：官场黑暗，税收不足，国家钱粮亏

军机处旧址

空严重。此事非同小可。雍正当政后，对此有清醒的认识，他将钱粮亏空作为头等大事来抓。

雍正帝朝服像

1723年初，雍正设立"会考府"，并将其作为一个独立的核查审计机关，目的是稽核清楚政府各部院钱粮的奏销，以便查明钱粮奏销中出现的问题。会考府设立后，无论是各省上缴的税银、政府部院使用的钱粮，还是需要报销开支，通通都要由会考府经手核查。这样，地方和户部都无法再贪污了。

如此一来，贪官污吏失去了上级的袒护，也无法筹借钱粮应付检查。为减轻责任，他们将自己的贪污行为说成是"挪用"，企图减轻罪责。一般而言，各朝政府都是从重下手，先办贪污，后办挪用。雍正对贪官污吏如何投机取巧洞若观火，于是反治其身，从"挪用"查起，然后才是"贪污"。不管是挪用还是贪污的钱粮，都责令如数追回，毫不姑息。而且要求严格分清"贪污"和"挪用"，将钱粮账本彻底查清楚，绝不将二者混为一谈。贪官污吏们终于无路可退，纷纷落马。

整顿吏治，严惩贪官

钱粮亏空彻查完毕后，雍正开始整顿吏治。对于贪污贿赂之人严厉打击，罢其官，抄其家，所亏钱粮如数返还，而且绝不宽恕任何人，包括皇亲国戚。

雍正下令禁止任何人为亏空者出资垫钱或替其赔偿。1723年秋，在通政司钱以垲的提议下，雍正采取了更为严厉的措施，即一旦查出亏空的官员，立即派人搜查他们的办公之地，将他们的家产贴上封条，并把变卖的财物追回来，防止他们转移、隐匿财产。查抄的力度之大、范围之广前所未有，雍正因此有了"抄家皇帝"的称号。

历史证明，雍正的这些措施确实行之有效，给贪污贿赂成风的官场以致命的打击，5年之后，国库存银由800万两激增到5000万两，因此有学者评价说"雍正一朝，无官不清"，这是对雍正的最大肯定。

雍正继承皇位是康熙之幸，也是国家之幸。康熙末年官场风气败坏、贪污贿赂盛行的局面，被手段强硬的雍正实行了大刀阔斧的改革，风气转变，吏治清明，国库充盈，对康乾盛世的进一步繁荣起到了承上启下的作用。

雍正行乐图

文治武功乾隆帝

　　1735年，雍正驾崩，其第四子弘历登上皇位，次年将年号改为"乾隆"。乾隆治理国家时，宽厚与刚猛相结合，勤政求实，使国家昌盛，百姓安居乐业。乾隆的统治时间长达60年，他在执政期间创造了一个太平盛世，使中国封建社会几千年的历史文化积淀在这个时期，并爆发出了最后的绝唱。

宽严相济，国力强盛

　　乾隆（1711年—1799年），名爱新觉罗·弘历，雍正第四个儿子。1735年，乾隆即位，成为清朝入关后的第四个皇帝。1795年，乾隆禅位给皇太子，自称"太上皇"。1799年，乾隆去世，庙号"高宗"。乾隆在位长达60年，五世同堂，是我国古代帝王中寿命最长的皇帝。

　　相对而言，康熙治理国家比较宽厚，而雍正则比较严厉。乾隆即位后将两者结合起来，大行"宽严相济"的政策。他整饬官场，整合法令规范；优抚读书人，慰藉在雍正时期受迫害的皇族。在经济方面，乾隆鼓励开垦荒地，治理水患，使社会欣欣向荣。在军事方面，乾隆多次发兵平定了大、小和卓的叛乱。为保证对天山南北进行有效管辖，1762年，乾隆在新疆设置"伊犁将军"，保障了西北边境稳定。乾隆在位的前、中期是他政治生命中最辉煌的

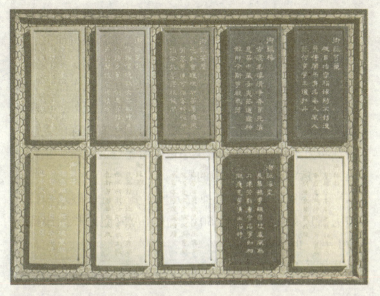

[清] 乾隆御咏名华诗十色墨

一段时期，后人对此也有高度评价。此时的大清王朝国家强盛，百姓富庶，政治、经济、文化都发展到了封建社会的顶峰。

乾隆统治后期，宠信阿谀逢迎之徒，重用于敏中、和珅等贪官。到了晚年，乾隆越发好大喜功，骄傲奢侈，唯我独尊。这时的清朝政治黑暗，官场腐败，百姓困苦，阶级矛盾逐渐突出，这也成为乾隆政治生涯上的污点。

儒雅风流，重视文治

乾隆不仅在军事上有过人的才华，在文治方面亦有突出之处。他开博学鸿词科，笼络知识分子；设置四库全书馆，编辑撰述《续三通》《皇朝三通》等书籍。乾隆天资聪颖，又十分刻苦，对书画、诗文、武术都很有研究，并且取得一定成绩，可以称得上是一位语言学家、书法家、诗人和学者。乾隆喜欢作诗，留下4.2万余首作品。乾隆不仅精通汉文，对新、旧满文也十分了解。此外，乾隆还会藏、维等好几种语言文字。乾隆对书法有很深的兴趣，而且功力不浅，算得上帝王中最爱留墨迹的皇帝，皇宫内外、大江南北到处都有他的墨宝。

1795年，乾隆举行禅位大典，其十五子颙琰即位，是为嘉庆帝。乾隆在位60年，比在位时间最长的康熙仅少1年，但他的寿命是我国古代帝王中最长的。

乾隆承袭祖上的功绩，扩张了中国的领土，并对其进行了有效的管辖，为我国现有的版图奠定了基础，中国出现民族大融合的盛况。乾隆统治下的社会是封建社会历史上的又一个高峰，他创造了一个欣欣向荣的太平盛世。

［清］郎世宁《清高宗戎装图》

清朝文字冤狱

　　文字狱现象自古就有，且愈演愈烈，到清朝发展到了顶峰。清朝处于封建社会的末期，君主专制制度空前加强，大肆兴起的文字狱是统治者意图在思想意识和文化领域享有无上控制权的体现。清朝文字狱相比其他朝代，不仅数量多，而且规模大。

清风不识字，何故乱翻书

　　古有"焚书坑儒"，近有清朝惨烈的"文字狱"，中国文化经历了一次又一次的灾难。文字狱是一出人间惨剧，统治阶级这样做是为了束缚人们的思想以巩固自己的统治，却给社会造成了巨大而又深远的负面影响。

　　文字狱，从字面上看，是因为文字而发生的案件。在专制的封建社会里，统治者为了巩固自己的政权，往往采取排除异己、控制文化等措施，因此以"疑似影响之词"为理由，大兴文字狱，草菅人命。历史上这类案件比比皆是，但要从规模以及影响和残酷性上来说，清朝尤甚。"文字狱"这个词就出自这个时代。

　　清军入关后，政权统治不够平稳。出于统治的需要，统治者对思想意识和文化领域的监控有所加强，大规模的文字狱随之出现。明朝被李自成推翻，而清军打败李自成成功入主中原。但满清原来只是中国东北的一个少数民族，在当时的汉族文人看来，他们不足以统治中原。由于"大汉族"思想作祟，中原人对清朝的抵抗意识十分强烈，于是出现了各种反清的言论和著述，这些思想传播广泛，深入人心。这对于新生的政权来说是一个极大的威胁，如不镇压，统治者寝食难安。基于这个原因，文字狱伴随清朝始终，以清朝前期最为厉害。清朝的文字狱从顺治时期开始萌芽，康熙时期逐步成长，在雍正、乾隆年间达到顶峰，其规模越来越大，也越来越惨烈。文字狱对中国文化造成了巨大的破坏，人们的思想也在多次打击中失去了活力。

宰相刘墉，贪官和珅

　　乾隆一朝出现了很多的贤臣，如宰相刘墉、大文豪纪晓岚等。由于乾隆帝后期好大喜功，因而善于逢迎的和珅十分受乾隆的喜爱。和珅利用职权，大肆贪污，收敛财富，成为"满清第一大贪官"。恶有恶报，嘉庆帝登基后，和珅得到了应有的报应。

"浓墨宰相"刘墉

　　刘墉（1719年—1804年），字崇如，号石庵，山东诸城县逄戈庄（今山东高密）人。刘墉出身官宦世家，学富五车，才高八斗，做过工部尚书、直隶总督，直至体仁阁大学士。他跨乾、嘉两朝，任相国11年，深受皇帝信任。除去政治家的身份，刘墉还是一位书法大家。刘墉、成亲王永瑆、翁方纲、铁保被人合称为"刘、成、翁、铁"四大家，名冠一时，刘墉因此得到"浓墨宰相"的美称。刘墉的文章也颇具文采，他博览群书，对考察辨证

［清］刘墉书法作品

古文经书下过很大力气，著有《石庵诗集》并刊印发行，流传甚广。

官场险恶，刘墉明哲保身、小心翼翼的为官态度使他左右逢源，不仅性命无忧，而且名声大振。综合分析，刘墉既没有显赫的政绩，也没有让人诟病的恶习。身为一名书法家和学者，刘墉还为世人留下了不朽的文化瑰宝。

满清第一大贪官和珅

和珅（1750年—1799年）姓钮祜禄氏，满洲正红旗人，出身贫寒。和珅中过秀才，微谙文墨。1775年，凭借英俊的外貌和机智的头脑，脱颖而出，受到乾隆的青

恭王府（原和珅府）花园

睐，从此身居要职，手握大权，大肆贪污和收敛财富，手段之卑鄙令人不齿。嘉庆对和珅的所作所为非常不满，无奈有乾隆的庇护，嘉庆对他无可奈何。乾隆去世后，嘉庆亲政，立即诛杀和珅，并没收和珅的所有财产。和珅家产数目庞大，仅1/3的家产就值2.23亿两白银。珠宝古玩、名人字画、西洋器物，数不胜数，这些财物最后都被充入国库，所以民间才说："和珅跌倒，嘉庆吃饱。"和珅家中的财富抵得上朝廷15年的财政总收入，称他为"满清第一大贪官"毫不过分。当权的25年间，他狂敛的财富数量让人瞠目结舌，清政府腐朽的政治和腐败的官僚主义可见一斑。

民族英雄林则徐

轰轰烈烈的"虎门销烟"是中国近代史上反侵略斗争的光辉一页。虎门销烟不仅维护了中华民族的尊严，还激起了中国人民的斗志，林则徐因领导禁烟运动而成为我国历史上的民族英雄。

鸦片泛滥，广东禁烟

19世纪30年代以前，在外国与清政府进行合法贸易的过程中，大量白银流入中国，英、法等国家始终处于贸易逆差地位。为了扭转出超局面，极具侵略性的西方资本家开始走私鸦片，冲击正常的贸易市场。大量鸦片流入中国境内，致使英国在中英贸易中占据有利地位，由逆差变为顺差。不仅如此，鸦片在中国境内肆虐，严重影响了吸食者的身体健康和心智，如不及时制止，中华民族岌岌可危。广大劳动人民深受鸦片的毒害，对西方列强走私鸦片的行为十分不满，强烈要求政府禁烟。

林则徐像

1838年冬，任湖广总督的林则徐被道光帝召回北京。8天之内，道光帝与林则徐会谈了8次，详细听他讲解禁烟的意义和举措。道光十分欣赏林则徐，任命他为钦差大臣，兼兵部尚书一职，指挥广东水师，还允许他在紫禁城内骑马、乘轿。林则徐奉旨前往广东禁烟。

　　林则徐来到广州，与两广总督邓廷桢一起展开禁烟活动。他们缉拿烟贩，并对外国鸦片走私者进行有力的打击。广州百姓也开始协助禁烟，他们日夜监视商馆，防止商贩私藏、转运鸦片；而渔民们则配合清军监视商贩的货船。

　　在不到两个月的时间里，清政府共缴获鸦片2万多箱，重达118.8万千克，这是清政府从来没有取得过的禁烟胜利，震惊中外。停泊在珠江口外的外国商船在林则徐禁烟运动的打击下四散而逃。

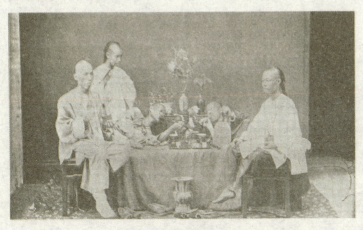

清末吸食鸦片的中国人

虎门销烟，扬中国人志气

禁烟行动取得全胜。接下来，林则徐要面对的就是如何处理那些收缴上来的大量鸦片。当时，很多外国商贩都猜测清政府可能会对鸦片实行专卖，从而使鸦片贸易合法化。事实证明，他们想错了。收缴鸦片后，林则徐先是下令重兵看守鸦片，随后上奏道光，请求验明实物数量后立刻销毁。道光对林则徐非常信任，下令林则徐和邓廷桢、怡良等人将收缴的鸦片就地销毁。

1839年夏天，林则徐下令在虎门将鸦片公开销毁，吸引了从各地赶来观看的百姓。为了昭示清政府消灭鸦片的决心，林则徐还特别邀请了外国商人、船长、传教士等到现场观看，让他们目睹销烟的全过程。林则徐用了22天，才把缴获上来的鸦片全部销毁。

整个销烟过程干净利落，赢得了广大人民的支持。当时虎门海滩每天都有上万人围观，人们无不拍手称快。连外国人看到这种情形，也对林则徐禁烟的果断表示钦佩。

销烟池旧址

鸦片战争

嘉庆在位后期，满清王朝已经逐渐衰败。1840年，中英之间爆发鸦片战争，中国战败，由拥有独立主权的国家开始沦为半殖民地半封建国家，中国发生了翻天覆地的变化。

丧权辱国，签订条约

林则徐领导的禁烟运动有力地打击了英国，英国政府对此强烈反对，并决定以武力开拓中国市场，于是拨款派兵，发动对清政府的战争。1840年夏天，英国海军少将懿律、驻华商务监督义律带领一支由4000名士兵、47艘军舰组成的军队，封锁广东珠江口，鸦片战争爆发。鸦片战争从1840年开始到1842年结束，以中国的失败告终，并签订了丧权辱国的《南京条约》。

早在1841年，中英两国就已签订停战协议《广州和约》，但当时英国所取得的利益没有达到其预期目的，便继续以武力进犯。清军节节败退，清政府

关天培像

只好妥协。1842年夏天，中方耆英、伊里布与英国全权代表璞鼎查签订《江宁条约》，即中英《南京条约》。《南京条约》共有13款，依据条约，中国开广州、福州、厦门、宁波、上海为自由通商口岸，英商可自由居住，英国可派驻领事；中国将香港岛割让给英国；中国向英国赔款2100万银圆，其中包括烟费补偿600万银圆、偿还商人欠款300万银圆、赔偿军费1200万银圆；英商进出口的关税应该由中英双方"秉公议定则例"。

1843年秋，代表清政府的耆英与代表英国的璞鼎查在广东虎门又签订中英《五口通商附粘善后条款》（即《虎门条约》）、《中英五口通商章程》附《海关税则》等条约，作为《南京条约》的补充条约。这些条约不仅使中国丧失了独立的司法权、关税权，还使英国从中取得了片面最惠国待遇。

《南京条约》是中国近代史上外国侵略者强迫清政府签订的第一个不平等条约，中国的主权和领土完整遭到严重破坏，中国逐步沦为半殖民地半封建社会。

在鸦片战争中，我国军民英勇地抵抗西方列强，涌现了许多可歌可泣的人物和事迹。但由于清政府一直在"战""和"问题上左右摇摆，再加上清军战术僵化，装备落后，最终无法与英军抗衡。从此，西方侵略者陆续用武力打开我国大门，清朝的封建制度受到冲击，并最终沦为半殖民地半封建社会。

太平天国运动

太平天国运动是发生在清朝末年的一场轰轰烈烈的农民运动。从金田起义到天京陷落，太平天国运动持续了14年，波及18个省，沉重地打击了腐朽的清政府。太平天国运动发生在鸦片战争之后，当时中国正面临着西方列强的侵略，所以以洪秀全为首的太平天国战士不仅反封建，还举起了反侵略的大旗。

民不聊生，爆发革命

太平天国运动是一场反封建、反侵略的农民起义。19世纪中期，清政府逐步走向没落。在西方列强的侵略下，清政府的统治摇摇欲坠。战争的支出和巨额的赔款，全都转嫁到百姓身上，农民负担不断加重，阶级矛盾更加尖锐，农民起义此起彼伏，其中，两广和湖南的反压迫斗争最为猛烈。太平天国运动便是在这样的背景下爆发的。

1851年初，洪秀全率领两万多名农民在广西桂平县金田村发动起义，建号"太平天国"，称军队为"太平军"，洪秀全自称"天王"。同年

太平天国"圣宝"

太平天国檄文

秋，太平军占领永安（今广西蒙山），开始了"永安建制"。洪秀全颁布封王诏令：东王杨秀清，西王萧朝贵，南王冯云山，北王韦昌辉，翼王石达开，并且由东王节制诸王。太平天国的中央政权组织初步形成。

太平天国运动刚一开始就遭到了清政府的镇压。清政府调遣军队包围永安，双方在此对峙了半年，太平军成功突出包围。后攻克南京，并改"南京"为"天京"，作为太平天国都城。为了确保天京安全，太平军占领了周围的镇江、扬州和浦口等地。

定都后，洪秀全颁布《天朝田亩制度》，废除封建土地所有制，建立平均分配的土地制度；规定男子与女子具有同样的地位，不许贩卖妇女。洪秀全等人主张独立自主，不承认清政府同侵略者签订的不平等条约，严禁鸦片买卖活动。广大人民从中得到实惠，斗争的积极性被调动起来。

《天朝田亩制度》反映了农民阶级要求废除封建土地所有制的强烈愿望，它不仅解决了农民的土地问题，还涉及经济、政治、军事、文教和社会改革等多方面，具有积极的意义。

北伐西征，祸起萧墙

　　1853年，太平军开始北伐和西征，得到了天地会和捻军的响应。北伐军深入敌区，孤立无援，以失败而告终。西征军则在石达开的率领下重创曾国藩的湘军。与此同时，清军围困天京的江北、江南大营被太平军瓦解，到了1856年夏天，太平军已经掌控了从武汉到镇江的广大区域，太平天国达到了军事上的鼎盛时期。

　　随着政权的巩固，太平天国统治阶级的内部矛盾逐渐突出，以致发生"天京事变"。1856年秋，杨秀清及其家属、5000多名部下被韦昌辉杀害。接着，洪秀全命石达开回到天京协助处理政务。1857年春，石达开又被迫离开。一系列的残杀和混乱使太平天国的大好局面急转直下，实力迅速减弱，人心逐渐涣散。此时的清政府与西方列强勾结在一起，共同对付太平军。面对异常强大的敌人，太平军进入了艰难的防御阶段。

　　为了扭转被动的局面，洪秀全将陈玉成、李秀成等青年将领破格提拔出来，组成新的领导集团。1859年，太平天国颁布洪仁玕的《资政新篇》，提倡向西方学习，进行经济、政治

太平天国忠王李秀成

和文化改革。《资政新篇》符合时代发展的潮流，但由于历史和其自身的局限性，并没有真正实施。

天京陷落，运动失败

1861年秋，安庆陷落，天京形势危急。忠王李秀成带领军队增援天京，遭遇湘军的阻截，双方相持40多天也没能突围。1864年夏天，洪秀全因病去逝；一个月后，天京失守，太平天国运动结束。值得称赞的是，危机重重之时，太平天国的战士还坚持在上海、宁波等地抗击外来侵略者，彰显了中华民族英勇顽强抵御外侮的一面。

太平天国运动是近代中国爆发的一场轰轰烈烈的农民起义，因持续时间长、规模大，成为几千年来中国农民战争的最高峰。太平天国运动颁布的《天朝田亩制度》《资政新篇》，是我国农民智慧的结晶，为处于水深火热的农民带来一线曙光，是我国农民对土地、自由、平等迫切要求的反映。但同时，农民阶级的局限性也决定了运动最终不可能取得成功。再加上他们面对的是封建统治者和西方侵略者联合起来的强大势力，失败在所难免。

苏州忠王府旧址

晚清重臣曾国藩

轰轰烈烈的太平天国运动使清政府的统治陷入危机。曾国藩在家乡湖南组织的地方团练——湘军，逐步成长为对抗太平天国的中坚力量。清政府册封曾国藩为"一等毅勇侯"。文人出身却被封为武侯，曾国藩是清朝第一人。在曾国藩等人的努力下，同治时期，清朝出现了"中兴"的大好局面。

仕途畅通，镇压起义

曾国藩（1811年—1872年），原名子城，字伯函，号涤生，出生在湖南省双峰县荷叶镇。1838年他考中进士，随后进入翰林院，成为军机大臣穆彰阿的门生。以此为基点，曾国藩在官场上平步青云，扶摇直上。

1852年，曾国藩为母守丧留在家乡，适逢太平军从广西发兵湖南。咸丰帝命曾国藩赶往长沙，协助湖南巡抚组建团练。曾国藩征召农民进入军营，起用儒生为将领，从早到晚操练不停，人们称之为"湘军"。到1854年初，湘军已经有水军、陆军共1.7万

[清]曾国藩画像

余人，在湘潭誓师出征。可惜初战不顺，被太平军重创于岳州、靖港，曾国藩的心血付之东流。痛惜之下，他投水自杀，所幸获救。后曾国藩重整旗鼓，占领岳州，攻克武昌，被任命为湖北巡抚。1860年，清军江南大营被太平军摧毁，咸丰帝让曾国藩担任兵部尚书兼两江总督，以钦差大臣的身份主持江南军务。1862年秋，湘军与数十万太平军在天京城外展开激烈的战斗。1864年，湘军终于攻克天京，彻底镇压了太平天国运动。朝廷论功行赏，曾国藩被封为"一等毅勇侯"，加太子太傅，领双眼花翎。

推崇程朱，兴办洋务

曾国藩是中国近代史上著名的政治家。他尊崇程朱理学，认为程朱理学比孔孟之道更正统，为君为臣都应灵活掌用。他还提出许多管理国家的建议，内容十分广泛，

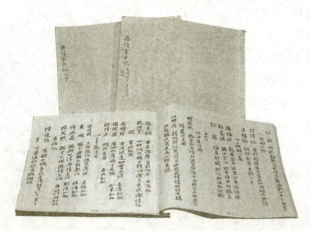

［清］曾国藩《无慢室日记》

涉及官制、选仕、经济与军事等。曾国藩对西方列强的侵略十分不满，认为自己国家的领土和权利不应该让别人染指。对于政府借外国军队助剿太平军，他十分羞愧。同时，曾国藩也看到了西方的先进之处，尤其是科学技术和军事装备，他提出"师夷智以造炮制船"，成为洋务运动的发起者。

李鸿章旧照

1861年，曾国藩成立安庆军械所。1865年至1866年间，曾国藩与李鸿章在上海创办江南制造总局等军事工业。此外，曾国藩还组织一批学童去美国留学，并设法筹集所需费用。

曾国藩一生都推崇程朱理学，在博采众长的基础上，阐述了义理、考据、经济、辞章密不可分的关系，而且认为理学是第一位的。曾国藩对古文、诗词也很有研究，是桐城派后期的领军人物。1872年，曾国藩因病去世，谥"文正"，朝廷追赠"太傅"。世人将他的著作合辑成《曾文正公全集》。

火烧圆明园

1860年，英法联军攻占北京，并闯入圆明园。他们大肆掠夺，将圆明园洗劫一空。为了掩饰自己的罪行，英军纵火将圆明园焚为废墟。这场大火烧了三天三夜，300多名太监、宫女、工匠被烧死。历史惨剧告诉我们：落后就要挨打！如果不想落后挨打，国家就必须强大起来。

得寸进尺扩大侵华战争

1856年秋，一艘清政府的巡逻船向广州海珠炮台码头疾驰而来，目标是马上要出航的"亚罗"号划艇。巡逻船

英法联军攻占广州

上的广东水师官兵登上划艇检查，在认真核实每个水手的身份后，将其中的12人扣留，由巡逻船带回广州。

1857年，英、法、美、俄在共同利益的驱使下，借口"亚罗号事件"和"马神甫事件"组成侵华联盟，将由英国挑起的第二次鸦片战争进一步扩大。

1858年春，英、法、美、俄四国的军队抵达天津大沽，天津失守。大学士桂良和吏部尚书花沙纳奉命赶到天津，代表清政府与英、法两国和谈。最后，清政府分别与两国签订了《天津条约》。

但英、法侵略者并不满足既得利益，他们宣称要去北京换约，实际上是想将侵华战争进一步扩大。1860年春，英、法军队再次开进中国，同年秋，英法联军先后占领了北塘、塘沽、大沽、天津，然后一路北上，攻克张家湾和通州后，又占领八里桥，逼近北京城。咸丰吓得手足无措，命恭亲王奕訢留在北京负责跟列强谈判。自己则带领后妃、皇子、亲王、大臣等人狼狈地逃往热河行宫。没过多久，英法联军来到北京城下，并进攻圆明园。

圆明园化为一片焦土

圆明园位于北京西北郊区，始建于明朝。1709年，康熙将这个园子赏赐给胤禛（后来的雍正皇帝），并亲题"圆明园"。此后，圆明园历经雍正、乾隆、嘉庆、道光、咸丰五朝共150多年的整修、扩建，耗费了无数的人力、物力、财力，最终成为一座规模宏大、举世闻名的皇家园林。

圆明园融合我国古代园林艺术的成就，吸取江南名胜之精华，开辟西式园林景区，成为当时中外造园艺术的集大成者。它凝结了我国古代劳动人民的聪明才智和辛勤汗水，是我国古代建筑艺术和传统文化的典范之作。圆明园还是一座宝库，藏有无数珍品以及宝贵的史料，名人字画、金银玉器、精品瓷器等数不胜数，是当时世界上最大的博物馆。

法国侵略者最先闯入这座人类宝库，疯狂地将这些东西装入自己的口袋，奇异的钟表、色彩鲜艳的绫罗绸缎、稀世的古玩珍品堆满了法国的军营。

英国侵略者紧随其后，也满载而归。对于无法或者不便运输的器物，如体积较大的瓷器和珐琅瓶等，野蛮的侵略者不惜将其打破也不把它们留给中国人！

为了掩饰自己的强盗行为，在英国首相帕麦斯顿的纵容下，英国大臣额尔金命令士兵纵火将这座豪华的园林烧毁。大火肆虐了三天三夜，圆明园化为一片焦土。

圆明园大水法遗址

慈禧垂帘听政

咸丰去世后，慈禧在恭亲王奕訢的协助下，成功发动"辛酉政变"，掌控了朝政大权。她垂帘听政，施展权术和阴谋，竭力维护自己的独裁统治。慈禧对内重用汉族官吏，提拔曾国藩等人，疯狂镇压太平天国运动；对外，她只想保住自己的统治地位，对外国侵略者一味妥协退让、赔款割地，致使中国沦为半殖民地半封建社会。

入宫受宠，协理政务参机要

慈禧太后叶赫那拉氏（1836年—1908年），小名兰儿，年少时容貌出众，多才多艺。1852年，慈禧以秀女的

养心殿东暖阁

身份进入皇宫，号"兰贵人"。1854年，她被咸丰帝封为"懿嫔"；1856年，慈禧生下儿子载淳，母凭子贵，第二年成为"储秀宫懿贵妃"，在后宫中的地位越来越高。

慈禧秀外惠中，十分聪颖，而且颇有文才。在咸丰批阅奏章的时候，她经常侍奉左右，耳闻目睹，又处处留心，很快便对如何处理政务一清二楚。对于政务，咸丰帝不胜其烦，便让慈禧协助他清检奏章，进行分类，大大减轻了他的负担。

1860年，英法联军发动第二次鸦片战争，逼近北京。惊慌失措的咸丰想要出逃热河行宫（即承德避暑山庄），却遭到了慈禧的劝阻。她建议咸丰留在北京全力抵抗外国侵略者。但咸丰不听，还差一点杀掉慈禧。最后，留守北京的奕䜣与英法侵略者签订了丧权辱国的《北京条约》。慈禧对此感到耻辱，建议咸丰废除不平等的条约，与侵略者再战。后咸丰病重，慈禧才不再提起。

垂帘听政掌大权，功过难断

1861年，咸丰帝在热河行宫去世，年仅6岁的载淳即位，即同治帝。为争夺最高统治权，慈禧成功地发动了"辛酉政变"，干净利落地处置了对手——以肃顺为首的顾命八大臣，开始垂帘听政。经过此次政变，慈禧正式登上政治舞台。

慈禧当权近50年，这期间并非一无是处。她重用奕䜣，稳定内部统治；提拔曾国藩、李鸿章等人，依靠汉族地主武装、联合外国侵略势力平息了太平天国、捻军运动等，维持了清王朝的统治。她支持洋务派，派遣学童留洋，创办新式学堂、新式工业、组建海军等，客观上促进了西方先进制度、科技在中国的传播。慈禧还下达"禁缠足令"，促进了我国近代妇女解放运动的兴起和发展。

1908年冬，光绪帝去世。慈禧把醇亲王载沣年仅3岁的儿子推上皇位，改年号为"宣统"。没过多久，慈禧也去世了，结束了她对中国长达半个世纪的统治。她的遗言最耐人寻味："以后，不要再让女人参与国政了，这不合本朝法制，必须严防！"

国家的内忧外患伴随了慈禧一生。慈禧手握皇权，在风雨飘摇的岁月里执政长达50年之久，她性格的坚毅可见一斑。在她当权时期，并没有使"江山颠覆"，她在困境中游刃有余的本领足以让一些男性皇帝汗颜。但清朝毕竟是在她的统治之下气数将近，作为最高统治者，她的责任不可推卸。

慈禧太后在颐和园

爱国将士

　　第一次鸦片战争以后，帝国主义国家加紧了对中国的侵略，国内又爆发农民起义、民族分裂等事件，国家处于内忧外患之中。而此时也涌现出一批爱国将士，如冯子材、左宗棠、邓世昌、刘铭传等人，他们为维护国家的统一做出了巨大贡献，名垂青史。

抗法名将冯子材

　　冯子材（1818年—1903年），字南干，号萃亭，广西钦州人。

　　1884年，法国侵略军进攻中国西南边境，年近70岁的老将冯子材临危受命，率领高、雷、钦、廉四州团练前去抗击法军。1885年初，刚上任的两广总督张之洞任命冯子材为"广西关外军务帮办"，让他率领王孝祺、王德榜、苏元春等人驻扎在镇南关，严防死守。镇南关一战，他率领清军英勇作战，最终打败法军，取得镇南关大捷。

冯子材旧照

镇南关大捷是一次彻底的胜利，也是清军在抵抗外国侵略中取得的为数不多的胜利之一。这次战役使清政府转败为胜，使法国茹费理内阁彻底倒台。正当冯子材踌躇满志地为夺取河内、驱逐在越南的法军做准备时，清政府却"乘胜即收"，停战求和。李鸿章代表清政府与法国在天津签订了不平等的《中法天津条约》。于是，法国不仅将越南纳入了自己的势力范围之内，还打开了我国西南地区的门户。"法国不胜而胜，中国不败而败"，清政府的软弱无能表露无遗，西方侵略者的侵略气焰更加嚣张。

刘铭传保卫台湾

刘铭传（1836年—1896年），字省三，号大潜山人。

1884年，法军入侵越南，中法战争爆发。法军以越南为跳板向中国沿海地区进攻，并准备占领台湾，台湾形势危急。刘铭传在危难之际接受任命，以"督办台湾事务大臣"的身份赴台筹备抗击法军事宜。

台湾基隆狮球岭炮台遗迹

1884年秋，法国军舰在孤拔的率领下猛轰台湾基隆炮台，继而进攻基隆市。刘铭传带领台湾军民重创法军。后孤拔卷土重来，再次攻打基隆。面对强大的敌人，刘铭传不顾众人的反对，采用"弃守基隆、重点守卫沪尾港"这一正确战略，与台湾人民一起守卫台湾八个多月，其间多次打退法军的进攻，并最终在沪尾重创法军。沪尾大捷意味着抗法保台取得了决定性的胜利。

沪尾一战，我国军民痛击法国侵略者，打击了法军的嚣张气焰，不仅保卫了台湾，还大大增强了中国人民抗击侵略者的信心，刘铭传也因此成为我国抗击侵略的民族英雄。

1885年秋，清政府设台湾省，刘铭传被任命为首任巡抚。在刘铭传的治理下，台湾在军事、政治、经济、文化、交通等各方面都取得了进步，由此迈上了近代化进程。因此，刘铭传也被誉为"理台政治家第一人""台湾洋务运动之父"和"台湾近代化之父"。

台湾基隆刘铭传隧道

中日甲午战争

明治维新以后，日本走上了现代化和西方化的道路，开始对外侵略。1894年，日本侵略中国，发动甲午战争。1895年，战争以中国失败告终，清政府被迫签订了丧权辱国的《马关条约》。

日本蓄谋挑起战争

1894年，朝鲜爆发东学党起义。朝鲜政府无力镇压，只好请清政府出兵救助，日本则趁机将军队开进朝鲜，并不断向朝鲜增兵，以牵制中国军队。1894年夏天，日本对丰岛海面的中国海军发起突袭，清军运兵船"高升"号被击沉；同时，日军还向牙山的中国军队发起攻击，挑起中日战争。

面对日本的侵略，清政府的一些将领与之进行了殊死搏斗，像左宝贵、邓世昌、刘步蟾等人均冲锋在前，视死如归。但因为准备不足，仓促迎战，清军在平壤陆战以及黄海海战中连连失败，不得不撤回境内。清军指挥者李鸿章则夸大失败，消极退让。于是，慈禧开始考虑通过与日本和谈来解决战事。

日军只用3天就渡过了鸭绿江，然后相继攻陷了中国的众多城池。清军接连失败，更加动摇了清政府抵抗的信心。朝廷内主和派当道，清政府开始避战求和。旅顺口失陷，日本海军占领渤海湾，打开了北洋海军的门户。1895

年初，日军集中兵力攻击北洋舰队基地威海卫，仅用半个月，洋务派苦心经营多年的北洋舰队全军覆灭。与此同时，在辽东战场上，清政府的6万军队也在日军的攻击下彻底崩溃。

《马关条约》的签订

面对战争的失败，清政府选择了投降求和。1895年春，李鸿章作为全权大臣去日本议和。在日本马关春帆楼，李鸿章与日本内阁总理大臣伊藤博文、外务大臣陆奥宗光签订《马关条约》。条约的主要内容有：清军撤出朝鲜，不再是朝鲜的宗主国，日本取而代之；把辽东半岛、台湾及澎湖列岛割让给日本；开放苏州、杭州、沙市、重庆作为商埠；日本可以在各通商口岸投资设厂并设立领事馆；赔偿日本军费2亿两白银等。

历史上，《马关条约》是继《南京条约》以来最不平等的条约，它加速了中国沦为半殖民化社会的进程。清政府无力赔款，只好向外国借钱，外国侵略者趁机夺取了更多的权益。自日本在中国设立工厂后，其他国家也纷纷来华投资设厂，中国民族资本主义的发展遭到严重阻碍，民族危机进一步加深。

日本人绘《黄海大战图》

百日维新

经甲午一战，中国进一步向半殖民地社会转变，清朝统治摇摇欲坠。为了挽救民族危机，以康有为、梁启超为首的维新派主张效仿西方制度，以变法促进国富民强，得到了光绪帝的支持。1898年夏天，光绪颁布《定国是诏》，开始变法。在短短的103天时间里，光绪多次发布维新诏令，可惜变法遭到慈禧的反对而最终失败。

维新变法

中日《马关条约》引发了由康有为发起的"公车上书"，虽然"公车上书"最后以失败告终，但这一事件成为维新变法的开端。之后，康有为多次上书光绪帝，阐述变法的重要性。

1898年夏天，光绪帝颁布《定国是诏》，开始变法维新；同年秋，慈禧宣布重新"训政"，变法失败。变法仅仅进行了103天，史称"百日维新"，也称"戊

康有为旧照

戌变法"。变法过程中，光绪多次颁布维新诏令，还免除守旧大臣、提拔维新分子，得到人们热烈响应，变法运动达到顶峰。光绪的维新诏令涉及政治、经济、文化、教育、军事等各方面，主要内容有：广开言路，倡导官民上书自由；精简政府机构，裁减多余人员，旗人自谋生路；设立农工商局，创办新式企业，鼓励科技发明；设铁路、矿务总

京师大学堂牌匾

局，修筑铁路，开采矿产，设立邮政局；建立国家银行，编制国家预决算；废"八股文"，改试策论；兴建学堂，并允许和鼓励地方、私人介入，学堂中、西学并重；创建京师大学堂；允许自由创办学会、报馆；设立译书局，翻译外国著作；派遣人员出国考察、留学；重新编制军队，清除老弱以及无战斗力的士兵，采用新法演练，增设海军，实行保甲制。这些措施促使资产阶级思想文化在中国迅速传播，具有进步意义。

在很短时间内，改革已经初见成效，世人为之振奋。这次变法运动冲击了封建统治根基，促进了先进思想和科技的传播，中国民族资本主义也趁机兴起。

慈禧镇压，变法失败

因为变法反映了新兴资产阶级的利益，所以受到了封建守旧派的坚决抵制。随着变法高潮迭起，维新派与守旧派的关系更加紧张。光绪多次秘密召见康有为等人商讨对策。然而，维新派没有实权，他们只好依靠新军统领袁世凯对抗手握重兵的直隶总督兼北洋大臣荣禄，却被袁世凯出卖。

1898年秋，慈禧发动"戊戌政变"，守旧派势力重新掌权，光绪被囚禁在瀛台，康有为、梁启超出逃日本。谭嗣同不愿逃走，与康广仁、林旭、杨深秀、杨锐、刘光第等5人英勇就义，历史上把他们6人称为"戊戌六君子"。除京师大学堂，慈禧废除了全部的新政措施，维新变法运动以失败告终。

可以说，这次变法运动从一开始就存在诸多问题。从上到下，维新派并没有足够大的权力以实施变法措施。光绪虽贵为皇帝，但处于慈禧控制之下。康有为、梁启超等人对于资本主义制度和文化并没有实质性的了解，只是肤浅地模仿。此外，他们对于当时的政治形势也没有充分的估计和准备。变法运动的失败说明了在半殖民地半封建的中国，资产阶级改良这条路根本行不通。不过，这次运动促进了我国民族资本主义的发展，顺应了历史的发展规律，称得上是一次政治改良和救亡图存的运动。变法运动宣传了资本主义的制度和文化，打击了封建腐朽势力，是一次重要的思想启蒙运动，促进了我国资本主义的发展。

"扶清灭洋"的义和团

甲午战争后，帝国主义掀起了瓜分中国的狂潮，民族危机进一步加深，义和团在这时发起了反帝爱国运动。后期，义和团把斗争的矛头指向帝国主义侵略者，提出"扶清灭洋"的口号，这是中华民族同侵略者之间矛盾激化的集中表现。

义和团的反帝烈火

19世纪末，各帝国主义国家大肆侵略中国。甲午战争后，在经济方面，帝国主义开始向中国资本输出；在政治方面，列强通过占领"租借地"和划分"势力范围"，掀起了瓜分中国的狂潮；在文化方面，帝国主义国家以教会为工具，深入中国民间进行思想渗透活动。在这种情况下，中华民族与帝国主义国家的矛盾愈加激化，最终导致了义和团反帝爱国运动的爆发。

山东是义和团运动的主要发源地。1899年，在朱红灯的带领下，义和团在山东西部和西北部进行反教会斗争，得到了临近县民众的响应。他们互相扶助，沉重地打击了教会的侵略势力，震惊了帝国主义和清政府。

参加义和团的群众大都是农民、小手工业者以及其他劳动者。一开始，义和团以"反清复明"为宗旨，多次遭受清政府的打击。当民族危机日益严重时，义和团将斗争目标指向帝国主义侵略势力，提出"扶清灭洋"的口号。

1900年，慈禧招抚义和团，企图利用他们对抗帝国主义侵略势力。一时间，大量义和团战士进入北京。他们练习武艺，制造兵器，焚烧教堂，反抗侵略，发起了轰轰烈烈的"灭洋反帝"运动。

内外夹攻，惨遭镇压

1900年秋，八国联军攻陷北京。在进军过程中，八国联军烧杀抢掠，对中国人民犯下了滔天罪行。此时，清政府内有义和团运动的强大压力，外有八国联军的武力威胁。慈禧为了避开义和团运动的锋芒，对帝国主义屈膝投降，请求其协助镇压义和团运动。

在慈禧看来，只要能维持自己的统治，她可以答应侵略者的任何条件。1901年秋，清政府与英、法、日、俄、德、美、意、奥、西、比、荷11国代表，签订了丧权辱国的《辛丑条约》。《辛丑条约》是帝国主义与清政府签订的最不平等的条约。从此之后，清朝统治者成为帝国主义国家的走狗，是帝国主义列强在中国的代理人，中国正式沦为半殖民地半封建社会。

在中外势力的联合打击下，义和团处于内外交困的境地。义和团战士被逼撤退到京、津郊区和直隶农村，但他们仍然以各种形式抗击帝国主义侵略势力，表现了中国人民坚决抗击帝国主义侵略者的英雄气概。

由农民阶级发起的义和团运动，从一开始就没有先进阶级的领导，也没有先进思想的指导。他们处于一种狂热和盲目的状态，最后被中外势力联合绞杀。不过，同帝国主义国家进行激烈的斗争，不仅体现了中国人民的强大力量，还促进了中国人民的觉醒，导致清王朝的统治迅速瓦解。

末代皇帝溥仪

　　1908年秋，光绪病逝。慈禧发下"懿旨"，召溥仪进宫，将他立为皇位的继承人。1908年底，年仅3岁的爱新觉罗·溥仪登上皇位，史称"逊帝"，也称"宣统皇帝"。溥仪是清军入关后的第十代皇帝，也是我国封建社会最后一位皇帝。

传奇的一生

宣统帝朝服像

　　溥仪是光绪的弟弟载沣的长子，于1906年出生在北京什刹海边的醇王府。1908年秋，光绪、慈禧先后去世。1908年底，3岁的溥仪在太和殿举行登基大典，正式登上皇位，隆裕太后和载沣二人摄政。第二年，改年号为"宣统"。

　　1911年，资产阶级革命风起云涌，辛亥革命取得胜利。在革命党人的逼迫下，1912年初，隆裕太后代溥仪颁布《退位诏书》，清朝统治灭亡，在我国延续了2000多年的封建帝制至此结束。1917年夏天，张勋率领"辫子军"进入京城，联合以康有为为首的保皇党，拥立溥仪重新登上皇位。此举遭到全国人民的反对。十几天后，溥仪再次退位。

溥仪退位后仍然居住在紫禁城，皇帝尊号不变。中华民国按照对待外国君主的礼仪对待溥仪，并且每年供给皇室400万两白银。溥仪在紫禁城里还是"皇帝"，但不再是天下人的"皇帝"了。

1924年冬，冯玉祥派鹿钟麟率兵闯入紫禁城，逼迫溥仪离开皇宫，史称"逼宫事件"。溥仪离开紫禁城，搬入其父载沣的王府，后又逃进日本公使馆。不久，在日本人的护送下，溥仪到达天津。1932年春，日本在东北成立"满洲国"，扶持溥仪成为傀儡政权的执政者，年号"大同"。1934年，"满洲国"改为"满洲帝国"，并改年号为"康德"。

1945年秋，历时8年的抗日战争终于取得胜利，日本战败投降。溥仪逃亡时被苏联红军捉住，并被带到苏联。1950年秋，溥仪回国，在抚顺战犯管理所接

溥仪（前右）与皇后婉容（前左）及加拿大总督等人的合影

受改造。1959年底，中华人民共和国主席毛泽东赦免溥仪罪行。之后，溥仪成为中华人民共和国众多公民中的一分子。

伪满洲国时期的溥仪

1960年，溥仪在中国科学院植物研究所工作。1964年，溥仪成为全国政协文史资料研究委员会里的一名资料专员，还入选为人民政协第四届全国委员会委员。

1967年，溥仪患尿毒症。周总理得知后，亲自指示有关部门照顾好溥仪，并将他安排在首都医院进行中西医会诊。在溥仪病情危急时，周总理又派著名老中医蒲辅周前去诊断，并让蒲辅周转达全国人民对他的问候。1967年秋，溥仪因病去世。

溥仪是中国封建社会的最后一位皇帝，由皇帝到囚徒再到平民，他的生活发生了天翻地覆的变化。溥仪的一生处于中国大变革时期，他见证了一个时代的动荡与变迁。

《我的前半生》是溥仪晚年所著的自传，由群众出版社于1964年出版发行。由于主人公特殊的经历，此书备受影视工作者的青睐。电影《末代皇帝》就是以此书为蓝本改编的，该片荣获第60届奥斯卡9项大奖。

中华民国的成立

　　随着民族危机的加重，中国民族资产阶级为挽救危亡中的民族，于1911年发动了辛亥革命，推翻了清朝的封建统治，建立了民主政权。从清朝灭亡到中华人民共和国建立，这段时间是中华民国时期。中华民国时期是一段在动荡曲折中向前发展的时期，也是中国半殖民地半封建社会的终结时期。

资产阶级革命政府的诞生

　　1911年秋，武昌起义爆发，得到了广泛的响应，独立之风席卷全国。先后有十几个省份宣布独立，上海、重庆两市也宣布独立。

　　1911年底，孙中山从美国辗转英国伦敦、法国马赛，最后回到上海。孙中山长期从事革命活动，是革命党人公认的领袖，威望极高。他刚一回国，在南京召开的临时大总统选举会议便选举他为中华民国临时大总统。

　　1912年1月1日，孙中山抵达南京，受到了南京人民的热烈欢迎。黄昏时分，孙中山到达总统府。经过一番准备，晚上11时，孙中山宣誓就职，并宣布中华民国成立。孙中山在誓词中说："倾覆满洲专制政府，巩固中华民国，图谋民生幸福，此国民之公意，文实遵之，以忠于国，为众服务。至专制政府既倒，国内无变乱，民国卓立于世界，为列邦公认，斯时文当解临时大总统之职。谨以此誓于国民。"

1月2日，孙中山宣布全国改用公历，采用中华民国的纪年方法，以1912年为中华民国元年。1月3日，黎元洪当选为中华民国临时副总统，各省代表还通过了孙中山提出的临时政府各部总长、次长名单，组成了中华民国临时政府。虽历经磨难，但具有资产阶级性质的南京临时政府终于成立了，并颁布了具有宪法效力的《中华民国临时约法》。

南京临时政府的夭折

南京临时政府成立后，各帝国主义列强表面上表示欢迎，实质上并不希望中国强大。因此，他们在各方面不断对临时政府施加压力，并且选中手握军权的袁世凯作为清政府的代理人。在帝国主义列强的帮助下，袁世凯成功窃取了革命胜利果实。孙中山辞去总统职位，中央临时政府里的同盟会成员也纷纷辞职。最后，南京临时政府被袁世凯的新内阁代替。袁世凯掌握中央政权后，开始军阀式的独裁统治。中华民国名存实亡，我国半殖民地的社会性质并没有得到改变。

中华民国成立，不仅意味着统治了我国267年的清王朝灭亡，也标志着统治中国2000多年的封建君主制彻底结束，中国历史上第一个资产阶级共和国诞生。此后，资本主义经济得到发展，民主共和思想深入人心。虽然后来也出现了几次恢复帝制的荒唐闹剧，但都以失败告终。

在闭塞、压抑中发展的清朝文化

清代名流

尽管清朝的文字狱禁锢了人们的思想，整个社会思想压抑，但仍有许多有识之士为清代的科技文化做出了不朽的贡献。明末清初，某些地区已出现资本主义萌芽，具有朴素唯物主义和民主启蒙色彩的思想家出现了，如黄宗羲、顾炎武、王夫之；文学方面，小说和戏剧在明代的基础上继续发展，曹雪芹的《红楼梦》、蒲松龄的《聊斋志异》等成为中国文学史上的奇葩。

杰出的思想家

明末清初著名的思想家、文学家黄宗羲（1610年—1695年），字太冲，自号梨洲，一号南雷。生于浙江余姚县通德乡黄竹浦（今浦口村）一个书香门第。黄宗羲的一生著作颇丰，并且年纪越大越刻苦用功，年过80仍坚持写书。他的著作内容非常广泛，哲学、历史、天文、地理、数学、文学、艺术、宗教及文字学等众多

[清] 黄宗羲《致道济手札》

学术领域皆有所涉及，最重要的成就来自文学，其所创立的"浙东史学"直到近现代还颇具影响。

黄宗羲开创了明清时期"经世致用"的新学风，在批驳朱理学说"束学不观，游谈无根"的前提下，极力倡导"经世致用，实事求是"的学风，这一功利主义思想给浙江人文精神的形成带来了深刻而长远的影响。黄宗羲所写的《明儒学案》是我国首部系统的学术思想史的专门著作，其启蒙思想丝毫未受外来思想的影响，可谓"前无古人，后无来者"，黄宗羲因而被誉为"中国思想启蒙之父"。

顾炎武（1613年—1682年），初名绛，字忠清，江苏昆山亭林镇人。明朝灭亡后，他改名为炎武，字宁人，号亭林。

顾炎武被视为清朝的"开国儒师""清学开山始祖"，是当时著名的思想家、经学家、史地学家、音韵学家。他一生辗转全国各地，可谓"行万里路，读万卷书"。他用自己朴实的学风取代了明朝晚期空洞浮华的学风，促进了我国文化的发展。他以经世致用为宗旨，以朴实无华

顾炎武《天下郡国利病书》书影

的考据方法，积极探索的创新精神，在许多领域都取得了突出的成就。顾炎武提出"利国富民"的观点，认为"善为国者，藏之于民"；他怀疑皇权，提出了具有早期民主启蒙思想色彩的"众治"主张，"天下兴亡，匹夫有责"就是顾炎武最早提出来的，这句话影响和激励了无数中国人。顾炎武是封建时代的一名学者，虽然他的一些言论和观点带有时代的局限性，但他对后世的积极影响占主要地位，值得我们尊敬和学习。

　　王夫之（1619年—1692年），字而农，号姜斋，别号一壶道人，湖南衡阳人。湖南钟灵毓秀，文化底蕴深厚，曾国藩和王夫之就是生于此、长于此的大家。王夫之博闻强识，阅读广泛，在天文、历法、数学、地理学领域都有建树，尤其精于经学、史学、文学。在哲学上，他继承并发展了我国传统的唯物主义，提出"太虚一实"的唯物论思想，在我国哲学史上占有重要地位。在社会历史学方面，王夫之认为，人类历史始终在向前发展，而且历史发展自有其定律，即所谓的"理势相成"。其思想主要集中在《读通鉴论》和《宋论》两部书中。此外，他在诗文方面卓有成就，其作品蕴含着忧国忧民的民族正气和缜密深厚的学术功力，影响

王夫之像

了一代文风。王夫之还是清初著名的哲学家、思想家，与顾炎武、黄宗羲并称"清初三大家"。他晚年隐居在衡阳石船山，世人称他为"船山先生"。

曹雪芹披阅十载著"红楼"

曹雪芹，生卒年月不详，一般认为生于1715年左右，卒于1763年左右。名霑，字梦阮，号雪芹，又号芹溪、芹圃，祖籍辽宁辽阳（也有说是河北丰润），祖上是汉人，清朝建立后成为满洲正白旗"包衣人"。

曹雪芹一生历经坎坷，由"锦衣纨绔营，饫甘餍肥"到"茅椽蓬牖，瓦灶绳床"，晚年染病在身，因无钱医治，在凄凉中去世。但他给世人留下了一部不朽的著作，那就是他呕心沥血著成的《红楼梦》。《红楼梦》花费了曹雪芹十年心血，他在北京西郊黄叶村的悼红轩中"披阅十载，增减五次"，才最终完成这部小说。正所谓"字字看来皆是血，十年辛苦不寻常"。曹雪芹在书中以贾、史、王、薛四大家族作为故事发生的背景，描绘了贾家这个豪门贵族由盛及衰的

[清]费丹旭《十二金钗图·黛玉葬花》

过程。《红楼梦》包罗万象，主题鲜明，是我国古典小说的一座高峰，以其崇高的思想性和艺术性成为我国四大名著之一。人们不仅能从中获得艺术享受，还能了解到我国封建社会末期的社会、人文状况，因此被誉为"中国封建社会百科全书"。如今，不只中国学者在研究这部著作，连外国许多学者也涉足其中，"红学"已经被世界接受。

落第才子蒲松龄

蒲松龄（1640年—1715年），字留仙，又字剑臣，别号柳泉居士，世称聊斋先生，山东省淄川县蒲家庄（今山东淄博市淄川区洪山镇）人，清代著名的文学家、小说家。他多次参加科举考试以博取功名，但一直没能如愿，乃至最后穷困潦倒。在一次次打击中，他对社会和科举有了深刻的认识，遂倾全力著成《聊斋志异》。《聊斋志异》共8卷491篇，总共40余万字，内容多来源于民间传说和野史逸闻。在书中，蒲松龄描绘了一个光怪陆离的虚幻世界，鬼怪狐妖被人格化，有血有肉；故事场景被社会化，现实感

《聊斋志异·画皮》插图

极强。蒲松龄完成《聊斋志异》后，无钱发行，直到1766年，此书才被刊刻发行。发行后，人们争相阅读，纷纷翻印，国内外各种版本多达30种，其中比较著名的版本有青柯亭本、铸雪斋本等。《聊斋志异》是我国古代文言文小说的集大成者。鲁迅评价此书是"专集之最有名者"；郭沫若不但为蒲氏故居题联，还称赞小说"写鬼写妖高人一等，刺贪刺虐入骨三分"。

蒲松龄73岁那年，与他相依为命的妻子刘氏病逝，这对他来说是一个沉重的打击。两年之后，也就是1715年初，蒲松龄在故居聊斋去世。

"南洪北孔"写传奇

清康熙统治时期，社会安定、经济繁荣、人民安居乐业，推动了文化、戏曲的兴盛。这一时期，昆剧大放异彩，但剧本却流于形式，无非是风花雪月、才子佳人等艳俗故事，如出一辙，十分乏味。后来，出现了康熙时期最有名、最有影响的两个剧本——洪昇的《长生殿》和孔尚任的《桃花扇》。

洪昇（1645年—1704年），字昉思，号稗畦，又号稗村、南屏樵者，钱塘（今浙江杭州）

昆曲《长生殿》剧照

人。1688年，洪昇历经十年，终于完成《长生殿》。《长生殿》是他的代表作，也是传奇剧作中的一朵奇葩。《长生殿》曲词高雅清亮，语言精美严谨，是传奇中的典范之作，在我国戏曲史上占有非常重要的地位。

《长生殿》主要写李隆基、杨玉环之间的爱情故事，也描写了当时的政治、社会形势，对天宝年间的朝政败坏、人民生活困苦、社会动荡不安等进行了真实的描述。在艺术创作上，洪昇吸收汤显祖剧作的精华，使《长生殿》这部传奇感情炽烈，情节动人，词句华丽。虽然以李、杨为题材的作品很多，但《长生殿》无疑是其中最出色的一部。

孔尚任（1648年—1718年），字聘之，号东塘，山东曲阜人。1699年，他终于完成倾其心血的著作《桃花扇》。《桃花扇》通过描写侯方域与李香君悲欢离合的爱情故事，反映南明王朝的腐朽与衰败。主人公李香君是一位在秦淮河畔卖艺的歌妓，但国家面临危难之时，她表现出让许多男子都汗颜的勇气和忠贞。作者在剧中大力赞美李香君，塑造了一个令人钦佩的女性形象。《桃花扇》剧情复杂，人物众多，情节紧凑，艺术性极高。但由于历史、政治等诸多因素，《桃花扇》没有完整的演出记录，曲谱上只有"访翠""寄扇"和"题画"三折。

《长生殿》和《桃花扇》继承了唐诗、宋词的精妙语言，创新地吸取了元杂剧的人物和情节特点，具有强烈的时代精神，为昆曲的舞台演出打下了坚实的剧本基础。这是古代戏曲的两座高峰，至今仍很难超越。而其作者洪昇和孔

尚任名噪一时，在我国文学史和戏剧史上占有重要地位，被世人称为"南洪北孔"。

清朝第一才子纳兰性德

　　纳兰性德是清朝历史上最让人惊艳的词人。他风度翩翩，感情细腻，不仅精于诗词，还擅长骑射，才识渊博，气质超然；他身为清朝贵族，却穷其一生研究汉学，醉心诗词；他享有显赫的权势，却厌烦官场的尔虞我诈；他的才识、气质非一般人所能及，有"满清第一才子"之誉。

　　纳兰性德（1655年—1685年），字容若，号楞伽山人，是清代著名的词人，与朱彝尊、陈维嵩合称"词家三绝"。他的词情真意切、哀婉幽怨，华贵中透出悲哀，优美中尽显感伤。纳兰性德24岁时，将其所作的词编选成集，定为《侧帽集》，后改名为《饮水词》。有人将这两部词集增遗补缺，整理出342阙，编辑成书，名为《纳兰词》。纳兰性德在词坛上广受赞誉，得到了许多文人、学士的高度评价，成为清初词坛的杰出代表。王国维评论纳兰性德时说："纳兰容若以自然之眼观物，以自然之舌言情。此初入中原未染汉人风气，故能真切如此。北宋以来，一人而已。"

纳兰性德像

郑板桥画竹

　　乾隆时期，扬州活跃着一批书画家。他们突破当时僵硬的画风，率性而为，为我国画坛注入活泼、新鲜的血液，其中以"扬州八怪"最为有名，而郑板桥是"八怪"之中最著名的人物。

　　郑板桥（1693年—1765年），名燮，字克柔，号板桥，江苏兴化人，清代著名的画家，喜画兰、竹、石、松、菊等，尤其擅长画兰、竹。画兰时，他采用焦墨技法，借助草书的运笔方法，使兰叶多而不乱，少而不薄，卓有风姿。郑板桥笔下的竹形态各异，但都有其独特的生命力，尽管画面上只有竹子，但并不显得单调，而是给人一种斗志昂扬的感觉。此外，他还提倡将诗、书、画三者结合起来，以诗文点题，以书法题诗，二者与画面结合，达到浑然一体的效果。他不仅绘画成就突出，还工诗词，精书法。他的字独具一格，隶、楷参半，自称"六分半书"，别有情致。

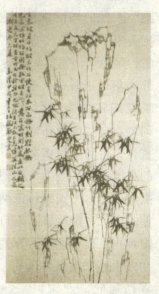

　　郑板桥的诗、书、画堪称三绝，他凭着自己的真性情创作了一幅又一幅现实感强、寓意深远的作品，为后人留下了宝贵的遗产。

［清］郑板桥《竹石图》

书 目